Eva García Visús

# Socios y colegas 1

## Documentos de la vida laboral

Guía didáctica

# Socios y colegas 1

## Guía didáctica

Autores:
Jaime Corpas Viñals
Eva García Visús

Coordinación editorial:
Jaime Corpas Viñals

Corrección:
Eduard Sancho

Diseño y maquetación:
Javier Forns (Estudio Ivan Margot)

Fotografías:
Lorenzo Conejo

## Socios y colegas 1 (vídeo):

Guión y dirección: Jaime Corpas Viñals
Realización y cámara: Juan A. Gamero
Producción: Azucena Carrasco
Montaje y postproducción: Juan A. Gamero, Carmen Rodríguez, Paradocs
Música: Tito Rosell, Carles Sánchez
Grafismo: Carmen Rodríguez

© Los autores y Difusión, S.L. Barcelona 2001

ISBN: 8443-062-6
Depósito Legal: B-43.789-2001

Impreso en España por Torres y Associats, Barcelona
Este libro está impreso en papel ecológico

**Centro de Investigación y Publicaciones de Idiomas, S.L.**
C/Trafalgar, 10, entlo. 1ª - 08010 BARCELONA
e-mail: editred@intercom.es
http://www.difusion.com

**DIFUSIÓN**

# ¿POR QUÉ EL VÍDEO EN LA CLASE DE IDIOMAS?

Desde la lingüística nos dimos cuenta de que para comprender el significado preciso de un acto de habla era necesario enmarcarlo dentro de su contexto real; saber quién es el interlocutor, en qué situación sociocultural se emite la frase, etc. De la misma manera, nos dimos cuenta de que la comunicación no es sólo verbal y de que ésta transmite una parte mínima del significado de un mensaje. Es aquí donde entra en juego el vídeo como una herramienta enormemente útil para la clase de idiomas, puesto que nos permite explorar con nuestros alumnos todos los aspectos no verbales de la comunicación. Sin embargo, es necesario analizar qué dificultades puede generarle al profesor el uso del vídeo, sin pautas y sin orientación. Ciertamente, gran parte del material audiovisual "auténtico" al que podemos acceder entraña un alto nivel de dificultad, lo cual acostumbra a disuadir al profesor, por miedo a que el estudiante se sienta frustrado. Por otro lado, todos conocemos los problemas que plantean muchos de los materiales audiovisuales que se han realizado con fines pedagógicos: no se respetan los formatos de las producciones audiovisuales a los que está acostumbrado el alumno, como espectador, se suelen crear contextos artificiales con actores cuya dramatización es excesivamente enfática y, además, los guiones suelen haber sido manipulados con fines específicos. En resumen, se acaban desaprovechando las características inherentes al soporte audiovisual, que lo hace único y distinto de otros soportes.

# SOCIOS Y COLEGAS

Con esa perspectiva, y como complemento al manual *Socios*, decidimos crear *Socios y colegas*. Al igual que en *Socios*, la línea contextual es el mundo del trabajo. Hemos escogido, pues, diferentes ámbitos de la vida empresarial española y hemos realizado documentos auténticos que respetan el formato y las características propias de un reportaje de televisión, a pesar de haber sido creados para la clase de E/LE. Por tanto, las personas que aparecen en las filmaciones se expresan de forma espontánea, sin las pautas de un guión aprendido. En la edición y montaje del material procuramos, con criterios didácticos en mente, utilizar al máximo aquellos recursos que facilitaran la comprensión: repetición, imagen en relación con el texto, aparición de algunos textos sobreimpresos de refuerzo, etc. Con todo ello hemos creado un material audiovisual auténtico que, además, se ajusta a la progresión temática y gramatical del manual *Socios* (cada capítulo corresponde a dos unidades).

# LA GUÍA

Hemos creado la guía con la finalidad de facilitar la tarea de explotación del profesor. La guía cubre cada unidad en dos apartados:

1. **Transcripciones y comentarios:** Incluimos las transcripciones de todas las locuciones. Por otro lado, añadimos comentarios de tipo lingüístico y sociocultural que pueden ayudar al profesor a comprender los usos de algunos coloquialismos o regionalismos, así como ciertas aclaraciones culturales que pueden resultar ajenas para un profesor no español.

2. **Actividades:** Para cada capítulo se han creado una serie de actividades específicas para trabajar cuestiones formales de la lengua correspondientes a las diferentes unidades de *Socios* (dos actividades para cada nivel), así como actividades para desarrollar aspectos interculturales de la vida laboral y empresarial.

3. **Soluciones:** Al final del libro se incluyen las soluciones a las actividades.

# REPERTORIO DE ACTIVIDADES PARA SOCIOS Y COLEGAS

Estas actividades se pueden realizar con cualquier reportaje y constituyen una alternativa o un complemento a los ejercicios específicos que se proponen para cada capítulo.

**LA TRANSCRIPCIÓN:** Entregamos a los alumnos la transcripción incompleta o la parte de la transcripción que nos interese. Tienen que completarla tras uno o varios visionados.

**VERDADERO O FALSO:** Les entregamos una serie de frases con información sobre el reportaje. Algunas no son ciertas. Mientras ven el vídeo, detectan cuáles son verdaderas y cuáles, falsas.

**UNA FRASE:** Después de ver el reportaje, escriben una frase que resuma el contenido del reportaje.

**¿QUÉ SABÉIS DE...?:** Antes del visionado el profesor intenta extraer de sus alumnos información sobre el reportaje. Uno de los objetivos puede ser contrastar visiones estereotipadas que pueden tener y que a veces obstaculizan el acercamiento a la realidad social con la que están empezando a tener contacto.

**PREGUNTAS:** Antes de ver el capítulo, los alumnos preparan preguntas sobre cosas que quieren saber acerca del tema del reportaje. A continuación, intentan encontrar las respuestas viendo el vídeo.

**IGUAL Y DIFERENTE:** Tras visionar el reportaje, se pide a los alumnos que comparen algunos aspectos de su cultura de origen con la española. Se trata de estimular una comparación que no sea valorativa.

**EL CONCURSO:** Durante el visionado, cada alumno toma notas de lo que va viendo. Después, se forman grupos y se elaboran preguntas sobre el contenido del reportaje (imagen y audio). Después, cada grupo, por turnos, formula las preguntas al equipo contrario. Reciben un punto positivo por cada acierto.

**BUSCAR EN INTERNET:** Podemos pedir a los alumnos que busquen información adicional sobre el capítulo en Internet para hacer un reportaje, una presentación, un resumen, un folleto publicitario, etc.

**UNA IMAGEN:** A modo de calentamiento, puede congelar una imagen que le parezca representativa y hacerles preguntas que estimulen la reflexión intercultural (¿Qué cosas te llaman la atención? ¿Qué te parece diferente?). El objetivo es recuperar su visión de partida del tema para que, después, puedan tomar conciencia de los prejuicios o del desconocimiento con el que a menudo nos acercamos a una realidad distinta.

**RESUMEN VALORATIVO:** Tras el visionado, puede pedir a sus alumnos que hagan un resumen haciendo una valoración sobre aspectos relacionados con el capítulo. El resumen puede responder a preguntas como: ¿Es una buena empresa? ¿Es una empresa fiable? ¿Se trabaja bien? ¿Trabajarías en esa empresa? En una puesta en común, se contrastarán las diferentes interpretaciones, con lo que se enfrentarán diversas percepciones de la misma realidad.

**NO LO SABÍA:** Los alumnos elaboran una lista de aquellos aspectos que han descubierto a partir de un determinado capítulo, que les han sorprendido o que han transformado su visión de un determinado tema.

# Índice

# La ciudad y la gente

En este capítulo visitamos la ciudad de Madrid para tener un primer contacto con la sociedad y la cultura españolas. Está dividido en dos bloques. El primero, **La ciudad**, incluye imágenes de aspectos muy relacionados con la estructura física de una ciudad: transportes, objetos urbanos, establecimientos, lugares públicos y lugares de ocio. En la segunda parte, **La gente**, se presentan a 12 personas, todas ellas de edades, procedencias y profesiones varidas, que han sido entrevistadas al azar por las calles de la capital de España.

■ **Duración:** 6'33"

■ **Temas culturales:**
- Imágenes de la vida urbana y cotidiana de Madrid. Se muestra cómo son las calles, los transportes, los distintos establecimientos, la gente...

■ **Comunicación:**
- vocabulario de transportes, objetos urbanos, establecimientos y lugares públicos y de ocio
- nombre
- nacionalidad
- profesión
- edad

# LA CIUDAD Y LA GENTE

## LA CIUDAD

### Transportes

### Cosas de la calle

### Establecimientos

> Las imágenes que aparecen de la ciudad corresponden a dos de los lugares más emblemáticos de Madrid: la Gran Vía (de día y de noche) y la Puerta de Alcalá. Asimismo, se puede apreciar el ambiente nocturno de las calles de la capital. Madrid tiene fama de ser una ciudad con mucha actividad tanto diurna como nocturna.

> Se muestran, por este orden, los siguientes medios de transporte: coche, autobús, metro, taxi, moto y bicicleta.
> Madrid es una ciudad con un tráfico intenso. Es normal encontrarse con atascos en el centro y, en especial, en los accesos a la ciudad. No obstante, las madrileños utilizan con mucha frecuencia los transportes públicos para sus desplazamientos dentro de la ciudad. Es relativamente fácil encontrar un taxi en cualquier lugar y a cualquier hora, y los precios son bastante asequibles, por lo que también es un medio de transporte bastante utilizado. En líneas generales, en Madrid los transportes funcionan de una manera muy parecida que en ciudades como Barcelona, Valencia, Sevilla o Bilbao.

> Aparecen, por este orden, los siguientes objetos urbanos: un teléfono público de Telefónica (empresa que hasta hace poco tiempo tenía el monopolio del sistema telefónico en España), un semáforo, una papelera, un banco y un buzón (existen también buzones de color verde para el uso de los empleados de Correos y rojos para la correspondencia urgente).

> En este apartado se muestran diferentes establecimientos:
- una librería y papelería (muchas librerías venden también material escolar y de oficina)
- una peluquería
- una perfumería
- una panadería (en el rótulo de esta panadería aparece también la palabra "bollería"; un bollo es un dulce que acompaña al desayuno: puede ser un cruasán, una ensaimada, etc.)

**Lugares públicos**

**Lugares de ocio**

- una joyería
- una farmacia (la farmacia que aparece en la imagen está especializada en homeopatía; no todas las farmacias ofrecen productos homeopáticos, pero cada vez hay más demanda)

> Observe que en la mayoría de los casos los rótulos de los establecimientos no van acentuados. Todavía existe la creencia equivocada de que las mayúsculas no se acentúan.

> La primera imagen es la del Hospital Clínico San Carlos, uno de los hospitales más grandes de Madrid. Después, aparece una imagen de la Facultad de Ciencias Biológicas de la Universidad Complutense, una de las universidades con más prestigio de Madrid. Seguidamente, se ve una imagen de la Biblioteca Nacional. Finalmente, se puede observar la fachada del Museo del Prado y una de las entradas del popular Parque del Retiro.

> Uno de los atractivos de Madrid es su ambiente nocturno. Muchos bares, restaurantes y discotecas están abiertos hasta altas horas de la madrugada.

> En este reportaje aparecen algunos lugares de ocio:
- Café Restaurante El Espejo, situado en el Paseo de Recoletos.
- Café Gijón, frecuentado, principalmente, por intelectuales, es famoso por sus tertulias literarias. También se encuentra en el Paseo de Recoletos.
- Seguidamente entramos en uno de los muchos bares del centro de la ciudad. Se puede observar el interior lleno de gente. A muchas personas les sorprende el hecho de que en España haya tanta gente que fuma.
- Discoteca Cleofás. Situada en el centro de la ciudad. A las discotecas se suele ir a altas horas de la noche, sobre las dos de la madrugada. Nunca cierran antes de las cinco o cinco y media.
- Cine Rialto. Situado en la céntrica Gran Vía.
- Teatro Reina Victoria, en la calle de Alcalá.

## LA GENTE

> *Las entrevistas se realizan en dos lugares, en la calle Preciados, en pleno centro comercial de Madrid, y en la Plaza de España.*

### Patricia Ivars Pineda
- Hola. Me llamo Patricia. Soy de **Canarias**, de Tenerife. Soy estudiante de Turismo. Tengo 22 años.

> *Las Islas **Canarias** es uno de los principales destinos turísticos en España.*

### Carlos Molina Infante
- Me llamo Carlos Molina. Soy de Madrid. Soy periodista. Tengo 25 años.

### Sira Mañas Roncero
- Me llamo Sira Mañas Roncero. Soy de Madrid. Soy **técnico** de sonido de televisión. Tengo 27 años.

> *En general, el nombre de profesiones o cargos suele concordar con el género al que se refiere. Eso no quiere decir que en algunos casos haya personas que prefieran la versión en masculino o en femenino. Hay mujeres que optan por la versión en masculino; por ejemplo, "Soy médico". Sira también opta por la palabra **"técnico"** en lugar de "técnica".*

### Rafael Molina Sebastiá
- Me llamo **Rafa**. Soy de **Castellón**. Trabajo en una agencia de viajes. Tengo 54 años.

> ***Rafa** es la forma familiar de Rafael. **Castellón** es una ciudad que se encuentra en la costa mediterránea, en la Comunidad Valenciana.*

### Victoria Yela Domínguez
- Hola. Me llamo Victoria. Soy de Madrid. Soy guía turística y tengo 35 años.

### Diego Paradela Puchalt
- Hola. Me llamo Diego. Soy madrileño. Estudio **Administración de Redes**. Tengo 21 años.

> *Diego estudia **Administración de Redes**, una carrera técnica de nivel superior que consiste en la gestión y administración de redes informáticas de comunicación.*

### Mª Fernanda Monti Plater
- Mi nombre es Mª Fernanda Monti. Soy de **Argentina**. Soy psicopedagoga y estoy haciendo un doctorado **acá** en Madrid. Tengo 31 años.

> *España es, en los últimos años, un destino habitual para estudiantes latinoamericanos, y **argentinos** en particular, que vienen a realizar estudios de postgrado, máster o doctorado.*
> *En Argentina se utiliza la expresión **"acá"**, en lugar de "aquí".*

### Itziar Marcos Inés
- Hola. Me llamo **Itziar** y soy de Pamplona. Soy

> ***Itziar** es un nombre de mujer bastante frecuente*

dentista. Tengo 24 años.

**Ricardo González Vidal**
- Hola Soy Ricardo. Soy de Venezuela. Pues... dirijo una empresa de Internet. Tengo 37 años.

**Gerardo Roa Benito**
- Me llamo Gerardo Roa. Soy de **Burgos**, Roa de Duero, provincia de Burgos. Soy **representante**. Tengo 44 años.

**Concepción López Vázquez**
- Hola, me llamo **Conchi**. Soy madrileña, Soy dependienta de unos grandes almacenes. Tengo 28 años.

**Marisa Fernández Esteban**
- Me llamo **Marisa**. Soy de Madrid. Soy profesora de Derecho Constitucional. Tengo 29 años.

en el norte de España: Navarra y el País Vasco.

> *La provincia de **Burgos** se encuentra en la Comunidad de Castilla y León. Gerardo es **representante**, es decir, se dedica a viajar y a vender productos de la compañía que representa.*

> ***Conchi** o **Concha**, en España, es la forma familiar de Concepción.*

> ***Marisa** es la forma familiar de María Isabel. En España muchas mujeres tienen un nombre compuesto que empieza por María.*

# Cosas de la calle y transportes

**A.** En parejas. Tu compañero sabe palabras que tú no sabes. ¿Por qué no se las preguntas? Escríbelas debajo de cada fotografía. No mires su hoja.

Alumno A

## TRANSPORTES

1._____

2._____

3._____

4._____

5._____

6._____

7._____

8._____

## COSAS DE LA CALLE

*banco*

*semáforo*

*teléfono público*

*puerta*

*buzón*

*reloj*

*papelera*

*señal*

◇ ¿Cómo se dice esto en español?
★ Banco.
◇ ¿Y cómo se escribe?
★ B-A-N-C-O.

**B.** Ahora vas a ver un reportaje. ¿Qué transportes y qué cosas de las anteriores no aparecen en el vídeo?

**A.** En parejas. Tu compañero sabe palabras que tú no sabes. ¿Por qué no se las preguntas? Escríbelas debajo de cada fotografía. No mires su hoja.

Alumno B

### COSAS DE LA CALLE

1._____

2._____

3._____

4._____

5._____

6._____

7._____

8._____

### TRANSPORTES

*taxi*

*bicicleta*

*autobús*

*metro*

*coche*

*barco*

*avión*

*moto*

```
✧ ¿Cómo se dice esto en español?
★ Taxi.
✧ ¿Y cómo se escribe?
✧ T-A-X-I.
```

**B.** Ahora vas a ver un reportaje. ¿Qué transportes y qué cosas de las anteriores no aparecen en el vídeo?

Socios y colegas 1 © Difusión, S.L.

# La ciudad

Todas estas cosas aparecen en el reportaje que vas a ver. ¿A qué apartado corresponde cada una?

*una perfumería*

*una papelera*

*un teatro*

*un autobús*

*una farmacia*

*un hospital*

*una discoteca*

*un taxi*

*un cine*

*un buzón*

*un parque*

*una peluquería*

| TRANSPORTES | COSAS DE LA CALLE | ESTABLECIMIENTOS | LUGARES PÚBLICOS | LUGARES DE OCIO |
|---|---|---|---|---|
| | | | | |

Socios y colegas 1 © Difusión, S.L.

# ¿Cuántos años tiene?

**A.** Aquí tienes a 12 personas. Observa las imágenes y decide con tu compañero cuántos años creéis que tienen. Después, presta atención al reportaje y compara tus resultados.

1. Patricia Ivars Pineda
Tiene _____ años.

2. Carlos Molina Infante
Tiene _____ años.

3. Sira Mañas Roncero
Tiene _____ años.

4. Rafael Molina Sebastiá
Tiene _____ años.

5. Victoria Yela Domínguez
Tiene _____ años

6. Diego Paradela Puchalt
Tiene _____ años.

7. Mª Fernanda Monti Plater
Tiene _____ años.

8. Itziar Marcos Inés
Tiene _____ años.

9. Ricardo González Vidal
Tiene _____ años.

10. Gerardo Roa Benito
Tiene _____ años.

11. Concepción López Vázquez
Tiene _____ años.

12. Marisa Fernández Esteban
Tiene _____ años.

**B.** ¿Dónde trabaja cada una de estas personas? Completa las frases con la información que tienes aquí.

en la Facultad de Derecho

en la televisión

en un periódico de Madrid

de una empresa de Internet

en una escuela de Turismo

en unos grandes almacenes

en una escuela técnica

en la Facultad de Psicología

en Madrid

en una clínica dental

de una editorial

en Castellón

| | ¿A qué se dedica? | ¿Dónde? |
|---|---|---|
| 1. Patricia | Es estudiante | _____ |
| 2. Carlos | Es periodista | _____ |
| 3. Sira | Es técnico de sonido | _____ |
| 4. Rafael | Es agente de viajes | _____ |
| 5. Victoria | Es guía turística | _____ |
| 6. Diego | Es estudiante | _____ |
| 7. Mª Fernanda | Es estudiante | _____ |
| 8. Itziar | Es dentista | _____ |
| 9. Ricardo | Es director | _____ |
| 10. Gerardo | Es representante | _____ |
| 11. Concepción | Es dependienta | _____ |
| 12. Marisa | Es profesora | _____ |

# La gente

**A.** Entre todas estas frases hay tres que no son corrrectas. Fíjate bien en el vídeo y corrígelas.

❏ 1. Patricia es de las Islas Canarias.

❏ 2. Carlos tiene 35 años.

❏ 3. Sira es técnico de televisión.

❏ 4. Rafael es de Castellón.

❏ 5. Victoria es de Madrid.

❏ 6. Diego es estudiante.

❏ 7. Mª Fernanda es argentina.

❏ 8. Itziar es periodista.

❏ 9. Ricardo es de Venezuela.

❏ 10. Gerardo es de Burgos.

❏ 11. Concepción es madrileña.

❏ 12. Marisa es estudiante de Derecho.

**B.** ¿Qué preguntas crees que le han hecho a Patricia?

1. ¿_____? Me llamo Patricia.

2. ¿_____? Soy de Canarias.

3. ¿_____? Soy estudiante de Turismo.

4. ¿_____? Tengo 22 años.

# Codorníu. Una empresa de cava

En este capítulo visitamos una empresa de cava. Consta de dos partes: la primera es una visita guiada por la fábrica de Codorníu y sus cavas, que se encuentran en la zona del Penedés, concretamente en Sant Sadurní d'Anoia (Barcelona). Se trata de una de las zonas del estado español, en la Comunidad Autónoma de Cataluña, con categoría de Denominación de Origen para sus vinos. La segunda parte es una breve presentación de las oficinas de la empresa en Barcelona y de sus departamentos.

■ **Duración:** 5'35''

■ **Temas culturales:**
- El proceso de elaboración del cava
- Sedes y oficinas de una empresa internacional
- Departamentos

■ **Comunicación:**
- números
- **estar + en**
- información sobre una empresa
- presentar una fábrica y sus diferentes departamentos
- vocabulario relacionado con la industria del vino
- Saludos y despedidas

## CODORNÍU. UNA EMPRESA DE CAVA

> *El cava es un vino espumoso que se elabora siguiendo el mismo proceso que el champagne. Sin embargo, este último se produce exclusivamente en la región francesa de Champagne, mientras que el cava se produce en España. Alrededor del 95% del cava se produce en la comarca del Penedés, en la provincia de Barcelona.*

### Las cavas

> *Así como el sustantivo con artículo masculino se refiere al producto, **el cava**, la variante con artículo femenino, **la cava**, hace referencia al lugar bajo tierra construido especialmente para el reposo del vino espumoso hasta su fermentación y total maduración. De ahí surgió el nombre del producto.*

*(En el exterior del edificio de Sant Sadurní d'Anoia, el Penedés)*
- Buenos días. Bienvenidos a Codorníu. Mi nombre es **José María** Martí, director del departamento de Relaciones Públicas y encantado de enseñarles nuestra casa.

> ***José María*** *es un nombre de hombre común en España a pesar de ser María nombre de mujer. Sin embargo, cuando lo revertimos, es decir, "María José", se convierte en nombre de mujer.*

*(En la sala de recepción)*
- Ésta es la sala de recepción del arquitecto catalán **Puig i Cadafalch** de la época de **Gaudí**, declarada monumento nacional. Aquí **recibimos más de 150 000 visitantes al año** de los cinco continentes.

> ***Gaudí*** *y* ***Puig i Cadafalch*** *son los dos arquitectos más emblemáticos del movimiento modernista de principios de siglo en Cataluña.*
> *Estamos visitando una empresa afincada en Cataluña, donde hay dos lenguas oficiales en coexistencia: el catalán y el castellano. Se trata, por tanto, de una zona donde se vive una realidad lingüística de lenguas en contacto y, como es natural en estos casos, sus hablantes registran ciertos fenómenos de interferencia lingüística, préstamos, etc. En el castellano de José María Martí se puede percibir un suave acento catalán. Asimismo creemos que la producción* ***recibimos más de 150 000*** *sin la "a" como antecedente de complemento directo de persona se debe a una interferencia lingüística con el catalán, lengua en la que tal uso de la preposición no es necesario.*

> *La visita a unas cavas se ha convertido en una de las atracciones más populares para muchos turistas que viajan a Barcelona. En la zona existen varias cavas que se pueden visitar. Las cavas Codorníu tienen el atractivo añadido de contar con edificios diseñados por el arquitecto Puig i Cadafalch, declarados monumentos nacionales.*

*(En el museo)*
- Este edificio es el que denominamos museo, en el cual, en su interior, está repleto de piezas relacionadas con la industria del cava y la industria **vitivinícola**, casi centenario y declarado monumento nacional, de Puig i Cadafalch también.

> ***Vitivinícola*** *es un término que hace referencia a la industria del vino.*

*(En la bodega)*
- Ésta es una antigua bodega en la cual celebramos diferentes actos al año como exposiciones o convenciones, y es visitable por cualquier persona que venga a nuestra casa.

*(En el centro de producción)*
- Éste es el centro de producción de **Sant Sadurní d'Anoia** donde elaboramos el cava Codorníu con una producción anual de más de **33 millones** anuales y una plantilla fija de 210 personas.

> ***Sant Sadurní d'Anoia*** *es una población muy próxima a Barcelona conocida principalmente por la elaboración de cava. La producción de **33 millones** se refiere al número de botellas. A la plantilla de 210 trabajadores fijos habría que añadir a aquéllos contratados de forma temporal en la época de la vendimia.*

- Y las cavas están bajo tierra, a unos 20 metros de profundidad.

*(En una cava)*
- Estamos en una cava, el lugar donde reposan las botellas entre un mínimo de 1 año y un máximo de 5.

> *Las botellas reposan esperando la fermentación. Una cava es como una ciudad subterránea, con sus diferentes calles que, como podemos ver, reciben nombres: Cava Barcelona, Cava Buenos Aires, etc.*

*(Se ve una escultura de Anna de Codorníu)*

- Este producto se llama cava, porque se elabora en este lugar, la cava.

- La uva que utilizamos para la elaboración del cava Codorníu procede de esta zona del Penedés, en la provincia de Barcelona.

*(En el interior del edificio)*
- **La vendimia** empieza a finales de agosto y termina a finales de octubre.

*(Se ven anuncios y carteles publicitarios de época)*

- Tenemos 16 productos diferentes de cava Codorniu. El que más vendemos en España es el Anna de Codorníu, en botella estándar. Y el que más exportamos en botella gótica es el Cuvée Raventós, aquí expuesto.

- Cordorníu tiene varias oficinas en diferentes países como Estados Unidos, Argentina o Alemania, pero la oficina central está en Barcelona.

## Las oficinas

*(En las oficinas)*
- Buenos días. Bienvenidos a la casa Codorníu. Mi nombre es Natalie Naval. Soy **adjunta** a la dirección del Departamento de Comunicación. Esta casa es la antigua casa de la familia propietaria de Codorníu.

> **Anna de Codorníu** *se casó en 1659 con el primer miembro de la familia Raventós, actuales propietarios de Codorníu.*

> *El tipo de uva que se usa normalmente para la elaboración del cava es Chardonney, Macabeo, Xarel.lo y Parellada, las cuatro son uvas blancas.*

> *Durante* **la vendimia** *se realiza la recolección de la uva de las viñas.*

> *En 1898 Codorníu organizó un concurso de carteles publicitarios para determinar la imagen de la casa. Hubo muchos participantes, algunos de ellos famosos artistas modernistas como el pintor catalán Ramon Casas. Los carteles están expuestos en el museo.*

> *La oficina central se encuentra en la Gran Vía de les Corts Catalanes de Barcelona.*

> *Un/a* **adjunto/a** *a dirección es una persona con más responsabilidad que el secretario o la secretaria de la persona directiva.*

- Actualmente, es donde se encuentran los departamentos de la oficina central: el de Gerencia, Exportación, dos departamentos de Marketing – uno nacional, otro internacional – el departamento de Contabilidad, el departamento de Comunicación, el departamento de Recursos Humanos y el departamento de Logística.

- Muchas gracias por visitar nuestra empresa. Hasta pronto y adiós.

> *Los distintos departamentos de una empresa pueden variar de nombre dependiendo de las necesidades de cada empresa. Por ejemplo el de Gerencia puede ser también el de Dirección, el de Comunicación puede ser llamado a su vez Departamento de Publicidad, el de Recursos Humanos es el de Personal y el de Logística, el de Distribución.*

> *En la puerta aparece el logo de Codorníu S.A. S.A. significa "Sociedad Anónima", uno de los tipos de empresa tipificados en la legislación española. La principal característica de una S.A. es que el capital inicial está repartido en acciones.*

# Las cavas

Mira el reportaje sobre la empresa de cava Codorníu y selecciona la información correcta para completar cada frase.

1. Codorníu es _____ .
a. una escuela de cava
b. una agencia de café
c. una marca de cava

2. El cava es _____.
a. un tipo de vino
b. un coche
c. una comida típica

3. Codorníu tiene _____ trabajadores.
a. 210
b. 310
c. 250

4. Codorníu produce _____ al año.
a. 33 millones de botellas
b. 63 millones de botellas
c. 36 millones de botellas

5. Codorníu está en _____ .
a. Madrid
b. Alicante
c. Barcelona

6. Codorníu es una empresa _____ .
a. francesa
b. española
c. portuguesa

7. Codorníu tiene oficinas en _____ .
a. China
b. Alemania
c. Italia

8. Jose María Martí es el _____.
a. director general
b. recepcionisa
c. director de Relaciones Públicas

# Codorníu

Todas estas frases contienen información cierta sobre la empresa Codorníu y el cava, pero no todas están en el reportaje que vas a ver. Marca con una cruz las informaciones que no escuches en el reportaje.

☐ La fábrica de Codorníu está en Sant Sadurní d'Anoia (Barcelona).

☐ Codorníu recibe a más de 150 000 visitantes al año.

☐ En España la gente bebe cava normalmente como aperitivo o después de las comidas.

☐ Puig i Cadafalch y Gaudí son arquitectos modernistas.

☐ Las cavas están a 20 metros bajo tierra.

☐ Las botellas de cava están en la cava un año como mínimo.

☐ La vendimia termina a finales de octubre.

☐ Existen 16 productos diferentes de cava Codorníu.

☐ El proceso de elaboración del cava es el mismo que el del champagne.

☐ Codorníu tiene oficinas en diferentes países.

☐ Codorníu es una empresa que tiene más de 125 años.

☐ Las botellas son de color verde para proteger el cava de la luz.

# Las oficinas

**A.** En parejas. Tu compañero tiene la información que tú no tienes relacionada con las actividades de los diferentes departamentos de una empresa. Hazle preguntas para completar la información que te falta.

## Alumno A

| Departamentos | Actividades |
|---|---|
| **1.** El Departamento de Recursos Humanos ⟶ | lleva la contratación de los trabajadores. |
| **2.** El Departamento de Informática ⟶ | es responsable del sistema de ordenadores. |
| **3.** El Departamento de Marketing ⟶ | trabaja en la publicidad de la empresa. |
| **4.** Recepción ⟶ | _ _ _ _ _ _ _ _ _ _ _ _ _ _ _ _ _ _ _ _ _ _ |
| **5.** El Departamento de Contabilidad ⟶ | _ _ _ _ _ _ _ _ _ _ _ _ _ _ _ _ _ _ _ _ _ _ |
| **6.** El Departamento de Logística ⟶ | _ _ _ _ _ _ _ _ _ _ _ _ _ _ _ _ _ _ _ _ _ _ |
| **7.** El Departamento de Formación ⟶ | enseña nuevas técnicas a los trabajadores. |
| **8.** El Departamento de Dirección general ⟶ | _ _ _ _ _ _ _ _ _ _ _ _ _ _ _ _ _ _ _ _ _ _ |
| **9.** El Departamento de Exportación ⟶ | _ _ _ _ _ _ _ _ _ _ _ _ _ _ _ _ _ _ _ _ _ _ |
| **10.** El Departamento de Comunicación ⟶ | se dedica a las Relaciones Públicas de la empresa. |

**B.** Ahora mira la segunda parte del reportaje y marca los departamentos de la sección anterior que tiene la empresa Codorníu.

----------------------------------------------------------------------------------------✂

**A.** En parejas. Tu compañero tiene la información que tú no tienes relacionada con las actividades de los diferentes departamentos de una empresa. Hazle preguntas para completar la información que te falta.

## Alumno B

| Departamentos | Actividades |
|---|---|
| **1.** El Departamento de Recursos Humanos ⟶ | _ _ _ _ _ _ _ _ _ _ _ _ _ _ _ _ _ _ _ _ _ _ |
| **2.** El Departamento de Informática ⟶ | _ _ _ _ _ _ _ _ _ _ _ _ _ _ _ _ _ _ _ _ _ _ |
| **3.** El Departamento de Marketing ⟶ | _ _ _ _ _ _ _ _ _ _ _ _ _ _ _ _ _ _ _ _ _ _ |
| **4.** Recepción ⟶ | es responsable de las llamadas telefónicas y de las visitas. |
| **5.** El Departamento de Contabilidad ⟶ | lleva las facturas. |
| **6.** El Departamento de Logística ⟶ | lleva el transporte y la distribución de productos. |
| **7.** El Departamento de Formación ⟶ | _ _ _ _ _ _ _ _ _ _ _ _ _ _ _ _ _ _ _ _ _ _ |
| **8.** El Departamento de Dirección general ⟶ | es responsable del funcionamiento de la empresa. |
| **9.** El Departamento de Exportación ⟶ | vende a otros países. |
| **10.** El Departamento de Comunicación ⟶ | _ _ _ _ _ _ _ _ _ _ _ _ _ _ _ _ _ _ _ _ _ _ |

**B.** Ahora mira la segunda parte del reportaje y marca los departamentos de la sección anterior que tiene la empresa Codorníu.

# La gente de Codorníu

¿Recuerdas a estas dos personas? ¿Cómo crees que es cada una? Coméntalo con tu compañero.

| profesional | competente |
|---|---|

responsable · inteligente · guapo/a

vago/a

joven · interesante · amable · tímido/a

antipático/a

simpático/a · serio/a · trabajador/a · agradable

"Buenos días. Bienvenidos a Codorníu. Mi nombre es José María Martí, director del Departamento de Relaciones Públicas y encantado de enseñarles nuestra casa."

"Buenos días. Bienvenidos a la casa Codorníu. Mi nombre es Natalie Naval. Soy adjunta a la dirección del Departamento de Comunicación. "

✧ A mí, José María Martí me parece muy profesional.
★ Y también muy simpático.
✧ ¿Y ella?

# Tres hoteles

En este capítulo visitamos tres hoteles que se encuentran en tres ciudades españolas: el hotel NH Las Artes, en Valencia, el hotel Palace, en Madrid, y el hotel Arts, en Barcelona. Vemos los alrededores de los hoteles: la Ciudad de las Artes y las Ciencias en Valencia, el Parlamento y el Paseo del Prado en Madrid, y el Puerto Olímpico en Barcelona. Los responsables de diferentes departamentos nos muestran las habitaciones, nos explican qué tipo de servicios ofrecen, cómo son sus instalaciones, sus clientes, los detalles más interesantes sobre cada uno de los hoteles, etc.

■**Duración: 11′35″**

■**Temas culturales:**
- Imágenes e información sobre diferentes tipos de hotel: características, habitaciones, servicios, instalaciones, horarios, etc.
- Imágenes de lugares de interés: Ciudad de las Artes y las Ciencias de Valencia, el Parlamento y el Paseo del Prado de Madrid, y el Puerto Olímpico de Barcelona.

■**Comunicación:**
- describir
- localizar
- horarios
- comparar
- superlativos
- ser/estar
- valorar y explicar una elección
- lenguaje y expresiones relacionadas con el mundo hotelero
- preferir

## TRES HOTELES

*(Imágenes de tres hoteles: hotel NH Las Artes en Valencia, hotel Palace en Madrid y hotel Arts en Barcelona).*

### Valencia

> *Aparecen imágenes de la Ciudad de las Artes y de las Ciencias, una zona construida recientemente en Valencia y diseñada por los arquitectos Santiago Calatrava y Félix Candela. Se trata de un complejo de ocio que dispone de diferentes espacios y edificios, entre ellos un palacio de las artes, un museo de la ciencia y una gran sala audiovisual.*

*(Imagen de la fachada del hotel NH Las Artes)*

- Éste es el hotel **NH** Las Artes. Está situado en Valencia. Estamos muy **cerquita** de la Ciudad de la Artes y las Ciencias. De ahí ha cogido el hotel su nombre.

> ***NH*** *es una de las cadenas de hoteles más conocidas de España. Se trata de hoteles donde normalmente se alojan ejecutivos españoles. En cualquier ciudad del país es posible encontrar un hotel de esta cadena.*
> ***Cerquita*** *es la forma diminutiva de "cerca". Es un uso amistoso y coloquial.*

*(En la Recepción)*
**Luz Galotto Villa**
**Jefa de Recepción**

- Pertenecemos al grupo NH y el hotel cuenta con 174 habitaciones, incluidas cuatro **junior suites.**

> *El término **junior suite** hace referencia a una habitación de hotel que consta normalmente de dos estancias, algo parecido a un pequeño apartamento pero sin cocina.*

*(En el comedor)*
- Uno de los servicios que más valora el cliente de NH es el **desayuno buffet**. Disponemos de **desayuno continental,** pero lo que hace más característico a NH es el desayuno buffet.

> *El **desayuno buffet** del hotel Las Artes puede llamar la atención de sus alumnos porque además de incluir los productos esperables en este tipo de desayunos, como huevos revueltos, fruta o pan, también aparecen en las imágenes todo tipo de embutidos (productos derivados del cerdo) y un recipiente con tomate triturado para que los clientes se puedan preparar el pan con tomate (típico de Cataluña y de algunas zonas de la costa mediterránea).*
> *El **desayuno continental** consiste en un café con leche o té, unas tostadas con mantequilla y mermelada y un zumo de frutas.*

*(En la primera planta)*
- En esta planta disponemos de varios salones para reuniones. Al fondo se encuentra un salón muy amplio que se puede dividir en varios salones más pequeños para reuniones. El salón grande se utiliza para banquetes... y cuando es **entre semana que nuestro cliente es más de empresa** y lo solicita para reuniones de trabajo, es cuando **se panela** y se puede convertir en un máximo de tres salones.

> *Entre semana es un expresión que se utiliza con frecuencia para referirse a los días laborables (de lunes a viernes).*
> *Que nuestro cliente es más de empresa es una construcción no aceptada por la norma pero de uso habitual en la lengua oral coloquial.*
> *Panelar es un anglicismo no admitido por la Real Academia de la Lengua Española que significa dividir un espacio con paneles.*

*(En una de las habitaciones)*
- El hotel cuenta con 174 habitaciones distribuidas en 12 plantas. Todas las habitaciones disponen de los mismos servicios.
- La filosofía de NH es que todos los hoteles sean iguales, que vayas a uno y los conozcas todos, para que te sientas como en casa. Entonces, la imagen es siempre la misma.

*(En la piscina)*
- Ésta es la piscina del hotel, es cubierta, y al fondo disponemos del gimnasio.
- Al lado de la piscina y del gimnasio del hotel se encuentra también una sauna. Normalmente, el cliente que viene después de un día de trabajo, sí que solicita este tipo de servicio... es para relajarse un poquito y desconectar.
- La mayoría de nuestros clientes son españoles provenientes de otras ciudades que vienen a **Valencia** para reuniones de negocios.

> *Valencia es una de las ciudades españolas con más actividad industrial y económica.*

**Madrid**

**Palace Hotel (1912)**

- La historia del hotel Palace se inicia este siglo pasado. En 1912, el **Rey Alfonso XIII** decide abrir esta casa para recibir a miembros de casas reales.

> *Aparecen imágenes de los alrededores del hotel Palace: la fuente de Cibeles, la plaza de Neptuno. El hotel se encuentra enfrente del Congreso de los Diputados.*

> *Alfonso XIII empezó su reinado a los 16 años, en 1902. Abandonó el país en 1931, cuando se instauró la República y se exilió en Italia.*

- Somos el hotel de lujo más grande de Europa.

*(En la cúpula del hotel)*
- Debajo de la cúpula del hotel Palace se reúnen todos los días personalidades, escritores, financieros, periodistas, gente de España... gente de todo el mundo hace sus citas de negocios aquí y reúnen aquí a sus amigos. Y este ambiente lo tenemos de las 8 de la mañana a las 4 de la mañana todos los días del año.
- Bueno, pues aquí vamos a acceder a la zona de La Rotonda. En este restaurante ofrecemos todos los días desayunos, almuerzos y cenas. Está abierto desde las 8 de la mañana hasta las 12 de la noche.

*(En el bar del hotel Palace)*
- Éste es el bar del Palace. Es un bar que tiene muchísima historia. En este bar se han vivido momentos muy importantes como la noche del **23-F**. Aquí se reunía **Dalí**, aquí venía **Hemingway**, **Mata Hari** de repente también salía y nos visitaba por la noche... Tiene gran historia este bar.

*(En el Business Center)*
- Aquí tenemos el **Business Center**, donde nuestros clientes vienen a conectarse a Internet. Damos un servicio permanente de secretaría, tenemos ordenadores, tenemos fotocopiadora y

*Después de la Guerra Civil (1936-1939), el general Franco se proclamó jefe del estado. Tras su muerte, en 1975, Juan Carlos I (nieto de Alfonso XIII) fue proclamado rey de España.*

> *Aparece un fragmento de un poema de Federico García Lorca donde menciona el bar del hotel. El poeta residió en Madrid en sus años de estudiante.*
> *23-F es la forma popular con que se conoce el 23 de febrero de 1981, día en que el coronel Tejero tomó el Congreso de los Diputados e intentó dar un golpe de estado. Durante la noche de ese día, en el bar del hotel Palace se concentró buena parte de los medios de comunicación de todo el mundo (el hotel se encuentra enfrente del Congreso).*
> *El famoso pintor Salvador Dalí vivió en Madrid durante su época de estudiante.*
> *El escritor americano Ernest Hemingway sintió verdadera pasión por España, donde residió algunos años y escribió algunas de sus obras más importantes.*
> *Mata Hari fue una bailarina y aventurera holandesa que murió fusilada en 1917 por sus actividades como espía a favor de Alemania.*

> *En el ámbito de la hostelería se utilizan algunos anglicismos como es el caso de business center por "centro de negocios".*

tenemos aquí un televisor que está conectado a todo el mundo con medios de comunicación en todos los idiomas para que nuestros clientes estén siempre al día de lo que sucede en el mundo.

*(En el salón Medinaceli)*
- Estamos ahora en el salón Medinaceli. El salón Medinaceli tiene una gran capacidad, porque tiene la posibilidad de partirlo por bloques. Tenemos el Medinaceli 3, que es la parte del fondo, Medinaceli 2 y Medinaceli 1, donde estamos, que se comunica con el salón Julio Cambas.

*(En una suite)*
- Ésta es una **suite** ejecutiva, tenemos el salón con su equipo de música, y luego el vestidor y una parte de despacho en donde tienen teléfono móvil, acceso a ordenador, un fax con línea directa y la habitación con su mueble también de televisión.

> **Suite** *es un galicismo que se utiliza comúnmente para designar una habitación de hotel con varias estancias; algo parecido a un apartamento de lujo.*

- Una de las cosas más bellas del hotel Palace son sus vistas. Está situado en la Plaza de Neptuno, que es la fachada principal del hotel Palace.

- Enfrente tenemos el **Museo del Prado**, el **Museo Thyssen** y al lado, el **Museo Reina Sofía.**

> *La fachada del hotel Palace da al Paseo del Prado. Está situado cerca del denominado "triángulo del arte", donde se encuentran los tres museos de arte más importantes del país: el Museo del Prado, el Museo Thyssen y el Reina Sofía.*

> *Estos usos de la conjunción **que** no son aceptados por la norma, pero son de uso habitual en la lengua oral coloquial.*

- Ahora vamos al gimnasio, **que** lo tenemos en la séptima planta, **que** es el único gimnasio que hay en Madrid **que** todo es exterior. Tiene unas vistas fabulosas.

- Hola. Buenos días. (...) Vamos a ver un poquito el gimnasio.

> *Alicia saluda y da la bienvenida a una nueva empleada.*

**Barcelona**

**Hotel Arts**

> *Aparecen imágenes del Puerto Olímpico que está situado en la Villa Olímpica, una zona residencial que fue construida para los Juegos Olímpicos de Barcelona en 1992 y que se utilizó como alojamiento para los atletas.*

**Jordi Sala**
**Responsable de Alojamiento**

- Bienvenidos al **hotel Arts** de Barcelona. Éste es el edificio más alto de la ciudad. Mi nombre es Jordi Sala, y yo voy a enseñar las instalaciones del hotel.

*(En la recepción del hotel)*
- El hotel Arts está abierto desde enero de 1994. Tiene 483 habitaciones, de las cuales 28 son apartamentos de lujo. Tenemos 56 habitaciones en el club, que es un salón privado que hay en las plantas más altas del hotel, y consta de 45 suites.

*(En la planta 34)*
- Pues ahora os voy a enseñar uno de los apartamentos del hotel. Como os comentaba, los apartamentos están situados en las plantas más altas del hotel.

*(En un apartamento)*
- Ahora mismo estamos en el piso 34. Todos los apartamentos son dúplex, por lo tanto, hay dos plantas en cada apartamento. En la planta baja, en la parte baja... si queréis venir conmigo, tenemos el salón comedor. Como podéis ver las vistas son todas fantásticas...
- Y, cómo no, tenemos también una cocina **que el cliente, si viene al hotel**, él mismo puede utilizar.
- Si queréis subir, os enseño la habitación de arriba. Sobre todo tenemos clientes importantes de empresas que quieren **asegurarse que** su cliente va a estar muy bien atendido donde vaya. Entonces, estamos hablando de jefes de empresas, famosos, clientes, pues, que necesitan a lo mejor más atención, artistas sobre todo. Los clientes más importantes de toda empresa y toda compañía vienen aquí.
- Este apartamento, que os estoy enseñando... tenemos la habitación grande... Hay apartamentos de una, dos y tres habitaciones.

> *Jordi* es un nombre catalán que corresponde en castellano a "Jorge".

> El *hotel Arts* es uno de los edificios modernos más emblemáticos de Barcelona. Es obra del arquitecto Bruce Graham, tiene 44 pisos, 456 habitaciones y una altura de 153,5 metros. La escultura que se encuentra al lado del hotel, "El pez de oro", fue realizada por el arquitecto Frank O. Ghery, autor del Museo Guggenheim de Bilbao.

> El orden de los elementos sintácticos de esta construcción no es normativo, pero es de uso frecuente en la lengua oral.

> *Asegurarse* rige la preposición "de". Probablemente se trata de una interferencia lingüística con el catalán.

*(En el gimnasio)*
- Estamos en el gimnasio del hotel. El gimnasio del hotel dispone de dos plantas, una de ellas es donde están las máquinas de hacer gimnasia; en la otra están los vestuarios, las salas de vapor y la sauna.

*(En el Business Center)*
- El hotel Arts dispone de 14 salas de reuniones, desde salas pequeñas de reuniones para ejecutivos hasta salones para convenciones de 1000 personas.

> *Aparece un cartel en el que se puede leer: Gran Saló Gaudí – Gran Salón Gaudí. En Cataluña es habitual encontrarse con carteles y anuncios en catalán y en castellano.*

# ¿Dónde están?

Escribe debajo de las fotografías el nombre de cada uno de los hoteles y dónde están situados.

Barcelona          la Ciudad de las Artes y las Ciencias          Palace

Puerto Olímpico          Valencia          Arts          Madrid

la plaza de Neptuno          NH Las Artes

**1**

El hotel ....................................................
está en ....................................................
y está cerca de ....................................................

**2**

El hotel ....................................................
está en ....................................................
y está cerca de ....................................................

**3**

El hotel ....................................................
está en ....................................................
y está cerca del ....................................................

# Información

**A.** ¿Quién dice las siguientes informaciones?

| | Hoteles | Luz Galotto | Alicia Romay | Jordi Sala |
|---|---|---|---|---|
| 1 | Tiene 174 habitaciones. | | | |
| 2 | El gimnasio tiene dos plantas. | | | |
| 3 | El Museo del Prado está enfrente. | | | |
| 4 | La piscina del hotel es cubierta. | | | |
| 5 | Hay apartamentos de una, dos o tres habitaciones. | | | |
| 6 | Los apartamentos son dúplex. | | | |
| 7 | Está abierto desde 1994. | | | |
| 8 | El gimnasio es exterior. | | | |
| 9 | Los clientes normalmente son españoles. | | | |
| 10 | Está en Valencia. | | | |
| 11 | Es el hotel de lujo más grande de Europa. | | | |
| 12 | El bar del hotel tiene mucha historia. | | | |
| 13 | Está cerca de la Ciudad de las Artes y las Ciencias. | | | |
| 14 | Tiene 483 habitaciones. | | | |

**B.** Ahora, en parejas, uno lee una de las frases y el otro, sin mirar, tiene que intentar adivinar a qué hotel hace referencia. Luego, escribe otras frases sobre los hoteles. Tu compañero tiene que adivinar de qué hotel estás hablando.

```
◇ Tiene 174 habitaciones.
★ ¿El hotel Arts?
◇ No.
```

# Tu hotel preferido

**A.** Vas a ver un reportaje sobre tres hoteles. Toma notas sobre dónde están, cómo son, qué servicios ofrecen, etc.

**Hotel NH las Artes**

**Hotel Palace**

**Hotel Arts**

**B.** ¿Cuál crees que es el hotel más...? ¿Y el menos...? Discútelo con tu compañero.

| | | |
|---|---|---|
| El menos moderno. | | El menos moderno. |
| El menos caro. | HOTEL NH LAS ARTES | El menos caro. |
| El menos alto. | | El menos alto. |
| El menos céntrico. | | El menos céntrico. |
| El menos barato. | HOTEL PALACE | El menos barato. |
| El menos cómodo. | | El menos cómodo. |
| El menos práctico. | | El menos práctico. |
| El menos agradable. | HOTEL ARTS | El menos agradable. |
| El menos artístico. | | El menos artístico. |
| El menos interesante. | | El menos interesante. |

**C.** Imagina que estás de vacaciones en España. ¿Cuál de estos tres hoteles prefieres? ¿Por qué?

✧ Prefiero el hotel... porque...

# Un folleto para un hotel

**A.** Fíjate en estos dos folletos. ¿Qué diferencias observas? ¿Cuál te gusta más? Coméntalo con tu compañero.

## Hotel NH LAS ARTES

★ ★ ★ ★

**HOTEL NH LAS ARTES**
★ ★ ★ ★
Avda. Instituto Obrero, 28
46013 Valencia
Teléfono 96 335 13 10 –
Fax 96 374 86 22
E.mail: nhlasartes@nh-hoteles.es

**NH HOTELES: MÁS DE 90 HOTELES EN 44 CIUDADES DE ESPAÑA, PORTUGAL E IBEROAMÉRICA**

Situado junto a la Ciudad de las Artes y las Ciencias, y muy próximo a la Ciudad de la Justicia y a la zona lúdico-comercial de El Saler, le proporciona un fácil acceso a la autopista de El Saler y a las autovías de Madrid, Barcelona y Alicante.

174 habitaciones, incluidas 4 junior-suites – Teléfono directo – Línea telefónica independiente para módem – TV color – Películas de pago – Videojuegos – Canal + – Mini-bar – Kit de aseo gratuito – Secador de pelo – Almohadas a la carta – Desayuno buffet – Room service – Restaurante "Blasco Ibáñez" – Bar-Cafetería – Servicio de lavandería – Parking – Servicio de guardarropa – Gimnasio – Sauna – Piscina cubierta.

**INFORMACIÓN Y RESERVAS NH     902.115.116**

# Hotel Arts Barcelona

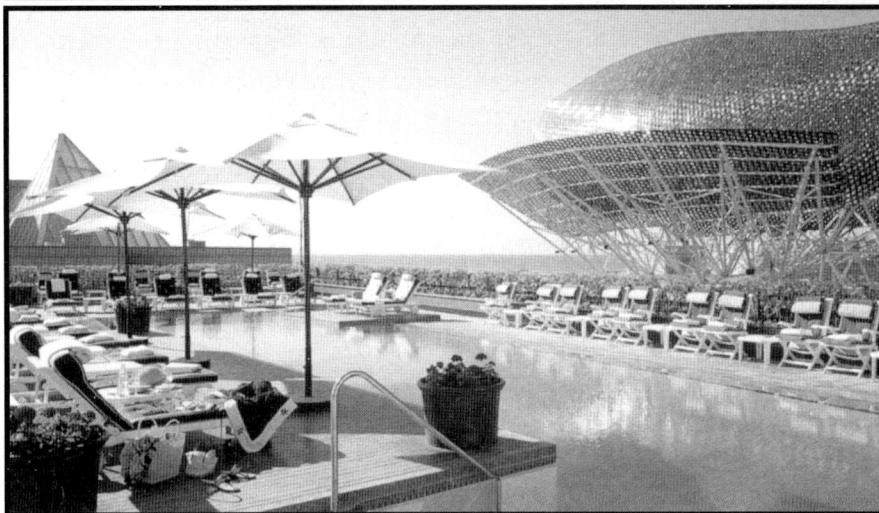

*El confort y la elegancia que usted se merece.*
*El excepcional servicio que usted espera.*

Rodeado de playas, paseos y terrazas abiertas al mar. A un paso del Barrio Gótico y de las Ramblas, auténtica arteria social y comercial de la ciudad, e igualmente próximo a los principales centros financieros. Un marco idílico para disfrutar del tiempo libre, de la gastronomía y del deporte. Y para dejarse llevar por el carácter y la vitalidad de una de las ciudades más dinámicas del Mediterráneo.

**Hotel Arts Barcelona** ● C/ Marina, 19-21 08005 Barcelona ● Teléfono reservas 900 221 900
Teléfono 93 221 10 00 ● Fax 93 221 10 70

## www.ritzcarlton.com

**B.** Vas a escribir el texto de un folleto publicitario para el hotel Palace de Madrid. No te olvides de tomar notas mientras ves el reportaje. Puedes utilizar como modelo estos dos folletos.

Socios y colegas 1 © Difusión, S.L.

# Botafumeiro

En este capítulo visitamos el Botafumeiro, un conocido restaurante gallego situado en el centro de Barcelona. El Botafumeiro se ha ganado la fama de ser el mejor restaurante gallego del mundo. En el reportaje hablamos con personas que cumplen diferentes funciones dentro del restaurante: el maître, el director del restaurante, un camarero, el jefe de cocina y el somelier. Nos ofrecen información relacionada con sus clientes, los diferentes platos, el funcionamiento de la cocina, la distribución del espacio, los horarios, etc.

■ **Duración:** 6'45"

■ **Temas culturales:**
- Funcionamiento de un restaurante de lujo
- Hábitos en las comidas
- Información sobre vinos
- Distintos puestos de trabajo en un restaurante

■ **Comunicación:**
- hacer una reserva en un restaurante por teléfono
- saludar
- horarios y días de la semana
- vocabulario relacionado con el mundo de la hostelería

*(En una oficina una telefonista reserva una mesa en un restaurante)*

- Hola, buenos días. Quería reservar una mesa para cuatro.
- Sí, para esta noche.
- A **las diez**. Perfecto.

> **Las diez** de la noche es una hora habitual para la cena en España.

## BOTAFUMEIRO

> El **botafumeiro** es el emblemático y gigantesco artefacto portador de diferentes inciensos que cuelga del interior de la catedral de Santiago de Compostela y que, al ser movido a modo de péndulo, va desprendiendo el humo que se produce al quemar el incienso, que llena toda la nave de la catedral. Es, pues, un símbolo de la cultural gallega del cual ha tomado nombre este famoso restaurante. El Botafumeiro es un restaurante de cocina típica de la Galicia del litoral en la que abundan todo tipo de mariscos y pescados de calidad.

*(En la puerta del restaurante)*
- ¿Son dos?
- Cuatro. Adelante, por favor.

*(En el restaurante)*

### Enrique Quiroga (Maître)

- Bueno, pues viene desde el señor de la tienda de al lado, y el presidente de los Estados Unidos o Su Majestad el Rey o Woody Allen, no tantas veces como quisiésemos, pero bueno, alguna vez pues sí que viene, y otras personas importantes y bueno, del mundo del cine, de la política y de los negocios y, bueno, cualquier persona que viene aquí para nosotros es, desde luego, muy importante.

- Ahora llega el famoso **Eugenio**, es un viejo amigo mío, y su señora.
- Hola, ¿qué tal?

> **Eugenio** es un famoso humorista recientemente desaparecido. En sus actuaciones se caracterizaba por ir siempre vestido de negro, por su voz grave, una expresión imperturbable, y por estar siempre sosteniendo un cigarrillo encendido y un vaso de güisqui.

*(En los salones privados)*
- Tenemos siete salones privados, desde 6 hasta 60 comensales. El cliente unas veces quiere estar en el centro del comedor, incluso que lo vean, y otras veces, pues, prefiere estar en un salón privado.

*(En un comedor)*
- En esta parte, pues son mesas de dos, parejas que vienen y bueno, pues, no es privado, pero semiprivado; está un poco apartado.

## Pablo Herranz (Camarero)

- Bueno, normalmente cuando llega un cliente, pues, lo primero que se le hace, se le ofrece un aperitivo. A continuación nos piden sugerencias o consejos; entonces, les ofrecemos **bien marisco** como entrada, que puede ser ostra, almeja, percebe... y a continuación, pues, se dejan sugerir o bien por pescado o bien **paellas**, que las hacemos muy bien.

> Normalmente para expresar que hay dos opciones se utiliza la construcción "o bien... o bien...".
> El **marisco** es uno de los platos más apreciados en España y en especial en Galicia. Se come, generalmente, en ocasiones especiales.
> La **paella** no es un plato típico gallego sino del litoral mediterráneo. Sin embargo, es normal que ofrezcan este plato al estar el restaurante ubicado en Barcelona.

*(En la cocina)*

## Luis Gericó (Jefe de Cocina)

- El secreto de la cocina del Botafumeiro es la calidad de la materia prima, del pescado, de la carne y del marisco.
- La cocina de Botafumeiro es auténticamente gallega.
- Los platos aquí se hacen al momento. No se hace nunca nada por anticipado. Siempre esperamos a que **canten el vale** para hacer el plato.
- En la cocina somos unos 30, entre cocineros y fregaplatos. Y pastelería es aparte, que son 8 ó 9.

> Cuando los camareros piden en la cocina lo que han pedido los clientes se dice que **cantan el vale.**

## Pablo Herranz (Camarero)

- La repostería de la casa es muy variada, muy extensa, y sobre todo de muy pocas calorías, que es importante. Y a continuación pues se les ofrecen café o licores.
- Nosotros nos dedicamos de pleno al cliente, desde que pisa el restaurante hasta que se va.
- ¿**La propina**? Pues puede ser entre un 5 y un 10%, más o menos es lo que se suele dejar.

> **La propina** en España, a diferencia de otros países, no está estipulada por un porcentaje fijo y mantiene su carácter de agradecimiento voluntario por un servicio personalizado y agradable. No se considera, pues, un pago por el servicio, sino un agradecimiento añadido y voluntario. En los restaurantes de lujo, ya que el servicio se cuida de forma muy esmerada, se podría decir que dejar propina es una práctica habitual.

## Luis Cortinas (Somelier)

- Podemos decir que la labor de los **someliers** en un restaurante es poder unir, poder fusionar lo que es la comida con el vino.
- Para el marisco recomendaría un buen vino blanco, un **Rías Baixas**, un **Alvariño**, un vino que es joven, fresco, afrutado e incluso tiene cuerpo, ¿no? A mí me recuerda mucho a los vinos blancos alsacianos.
- En el caso de las carnes asadas yo recomendaría, por ejemplo, un buen vino tinto de **La Rioja**, y en cuanto a las carnes con algún tipo de salsa, quizás me decantaría más por un **vino tinto catalán** o, por qué no, un vino tinto del **Somontano**.

> Sólo los restaurantes más caros y prestigiosos con una gran bodega y una compleja carta de vinos suelen tener un **somelier**.

> Tanto el **Rías Baixas** como el **Alvariño** son vinos blancos gallegos de gran prestigio y que suelen tomarse para acompañar el marisco.

> Los **vinos tintos catalanes** suelen tener menos cuerpo que los de **La Rioja**, y los más conocidos son los de la zona del Penedés, que han ido ganando prestigio rápidamente en los últimos 20 años.

> El **Somontano** es una zona en el noreste de España cuyos vinos consiguieron en 1985 la categoría de Denominación de Origen. Actualmente se están dando a conocer y están intentando hacerse un lugar junto a ciertos vinos que se consideran los tintos españoles por excelencia, como los Rioja, o los Ribera del Duero.

**Aurelio Vázquez (Director del restaurante)**

- El restaurante Botafumeiro tiene 27 años y, durante este tiempo, hemos conseguido poco a poco que la gente venga y confíe en nosotros por la calidad de nuestro producto, la esmerada elaboración y un servicio acorde con estos productos.
- No cerramos ningún día de la semana y nuestro horario de cocina es de una del mediodía a una de la madrugada.

*(Un dúo cantando boleros)*

> *Recordemos que los horarios de comidas en España son un poco diferentes que en el resto de Europa: se suele almorzar a partir de las 2 de la tarde, y la cena raramente empieza antes de las 9 y media o 10 de la noche. Por otro lado, la costumbre es comer un primer plato ligero, seguido de un segundo plato compuesto de carne o pescado. A continuación viene el postre seguido de café y, ocasionalmente, licores digestivos (Aromes de Montserrat, Anís, Calvados...). La sobremesa, es decir el rato de tertulia y reposo después de la comida, todavía con los comensales sentados en la mesa, suele ser largo y es entonces cuando se suele degustar el café y los licores. Por esta razón, no es de extrañar que una cena española dure tres o más horas. El servicio nunca traerá la cuenta si ésta no ha sido pedida por el cliente, ya que se respeta la sobremesa como parte de la comida, e incluso, el restaurante permanecerá abierto más allá de su horario si el último cliente no se decide a marcharse.*

# La plantilla

En este reportaje vas a ver cómo funciona un restaurante de lujo en Barcelona. Vas a conocer a las diferentes personas que trabajan en un restaurante. Cada una tiene un cargo y unas funciones determinadas. Lee cómo explican en qué consiste su cargo y después, mientras ves el reportaje, decide quién ha dicho cada párrafo. Coméntalo con tu compañero.

| Jefe de cocina | Somelier | Director | Camarero | Maître |
|---|---|---|---|---|

**A.** Tengo que probar los vinos y organizar la bodega. Además tengo que ayudar al cliente a encontrar un vino adecuado para el plato que va a comer.
Nombre:_____

Cargo:_____

1. Enrique Quiroga

**B.** Cuando el cliente ya está en su mesa tengo que dar las cartas y ofrecerle un aperitivo. También tengo que hacer sugerencias y dar consejos sobre los platos de la carta.
Nombre:_____

Cargo:_____

2. Pablo Herranz

**C.** Tengo que dar la bienvenida a los clientes, especialmente si son personas importantes. Además, tengo que supervisar todo lo que pasa en el comedor y con los camareros.
Nombre:_____

Cargo:_____

3. Luis Gericó

**D.** Tengo que supervisar a todas las personas que trabajan en el restaurante. Tengo que organizar el funcionamiento global del restaurante.
Nombre:_____

Cargo:_____

4. Luis Cortinas

**E.** Tengo que dirigir a las treinta personas que tengo en la cocina. Tengo que supervisar todos los platos antes de servirlos al cliente.
Nombre:_____

Cargo:_____

5. Aurelio Vázquez

Socios y colegas 1 © Difusión, S.L.

# Preguntas

Vas a ver un reportaje en el que las diferentes personas que trabajan en un restaurante de lujo contestan a algunas preguntas y nos explican cómo funciona el restaurante. En el reportaje no aparecen las preguntas, sólo escuchamos las respuestas. ¿Puedes decir quién contesta a estas preguntas?

1. ¿Cierran algún día de la semana?

2. ¿Qué vino recomienda para el marisco?          Enrique Quiroga

3. ¿Quién viene al Botafumeiro?

4. ¿Cuántos años tiene el restaurante?          Pablo Herranz

5. ¿De dónde es la cocina del Botafumeiro?

6. ¿En que consiste el trabajo de un somelier?          Luis Gericó

7. ¿Cuánta propina dejan los clientes?

8. ¿Qué horario tiene el restaurante?          Luis Cortinas

9. ¿Qué es lo que hace cuando viene un cliente?

10. ¿Cuántas personas hay en la cocina?          Aurelio Vázquez

11. ¿Cuántos salones privados tiene?

12. ¿Cuál es el secreto de la cocina del Botafumeiro?

# Preferencias

Lee lo que dicen estas personas y decide si para ellas el Botafumeiro es un buen restaurante.
Discútelo con tu compañero.

**1. Álvaro:**
"No me gusta el marisco. Soy alérgico".

**2. Ángel Luis Huertas:**
"No me gusta cenar después de las 8 de la noche".

**3. Margarita Rodríguez:**
"Me encantan los postres, pero me preocupan los kilos".

**4. Ana:**
"Creo que el vino es tan importante como la comida. Prefiero restaurantes con somelier".

**5. Diego Martínez:**
"Para las comidas de negocios me gustan los restaurantes con espacios privados y tranquilos".

**6. Mª del Pilar Alonso:**
"Prefiero los restaurantes pequeños y familiares. No me gusta tener a muchos camareros a mi alrededor".

**7. Naxeli:**
"No me gustan mucho las sugerencias de los camareros. Prefiero escoger yo sola".

**8. Tomás:**
"Me encanta ir a los restaurantes donde va la gente famosa".

**9. Yolanda:**
"Cuando puedo, me encanta ir a restaurantes de lujo. Me encanta el marisco".

◇ Álvaro no puede ir al Botafumeiro.
★ ¿Seguro? Pero puede comer otras cosas...

# Me gusta, no me gusta

**A.** Piensa y escribe qué te gusta y qué no te gusta cuando vas a un restaurante. Trata de escribir al menos tres cosas que te gustan y tres que no te gustan.

| ME GUSTA/N | NO ME GUSTA/N |
|---|---|
| | |

**B.** Con la información que has escrito en el apartado anterior, busca en la clase a la persona que más coincide contigo.

✧ A mí me gusta comer a las dos del mediodía. ¿Y a ti?
★ A mí también.

Acuérdate de darles un punto por cada cosa en la que coincidáis:

| Nombre | Puntos | Total puntos |
|---|---|---|
| | | |
| | | |
| | | |
| | | |

**C.** ¿Ya sabes con qué estudiante coincides más? Pues, ahora, escríbele una pequeña invitación para ir a comer o a cenar juntos. Antes, decide a cuál de estos tres restaurantes quieres invitar a tu compañero. Si recibes alguna invitación, contéstala por escrito: ¿la aceptas o la rechazas?

**LA ALPUJARRA**
Especializado en cocina andaluza. Pescaditos fritos, carnes, postres caseros.

**VÍA 59**
Restaurante moderno. Exposición permanente de arte. Comida mediterránea a base de arroces, ensaladas y pastas.

**BOTAFUMEIRO**
Restaurante gallego. Especialidad en mariscos, merluza a la gallega y pulpo. Gran variedad de postres. Salones privados.

# Francis Montesinos

En este capítulo visitamos el taller del prestigioso diseñador valenciano Francis Montesinos y vemos imágenes de la ciudad de Valencia. La responsable de Relaciones Públicas nos habla del mundo de la moda, de las pasarelas y de las ferias más importantes, la responsable de Producción nos explica el proceso de creación de los modelos y la elección de los tejidos y de los colores. Finalmente, el diseñador Francis Montesinos nos habla de su última colección, de sus trabajos más especiales y de sus experiencias en el mundo de la moda.

■ **Duración:** 7'12"

■ **Temas culturales:**
- Imágenes generales de Valencia
- Información sobre la industria de la moda
- Información sobre las pasarelas  y la promoción
- El proceso de creación de un modelo

■ **Comunicación:**
- estar + Gerundio
- Pretérito Perfecto
- prendas de vestir y tejidos
- vocabulario relacionado con la moda
- comparar
- conectores
- mostrar acuerdo y desacuerdo

*(Aparecen imágenes de Valencia)*

> *Las primeras imágenes corresponden a diferentes lugares de la ciudad de Valencia: la playa de la Malvarrosa, el mercado Central y la Plaza de la Virgen. Las imágenes se intercalan con fotografías del estudio del diseñador Francis Montesinos y de desfiles de moda.*

*(En el patio del estudio de Montesinos)*

**Ana Martínez Gorostiza,
directora de Relaciones Públicas**

- Estamos en el estudio del diseñador Francis Montesinos en Valencia. Valencia es una ciudad en el Mediterráneo, en España... Estamos en pleno casco histórico, muy cerca de la catedral, en un edificio típico valenciano, incluso en un patio valenciano con **cerámica de Manises.** Aquí es donde el diseñador Francis Montesinos diseña y trabaja sus modelos.

> ***Manises** es una localidad próxima a la ciudad de Valencia que se dedica a la producción de cerámica desde hace siglos. La cerámica de Manises es muy famosa y muy apreciada en España. En muchos edificios de la Comunidad Valenciana se puede encontrar cerámica de Manises en sus patios, sus escaleras o incluso en sus fachadas.*
> *La patrona de la ciudad es la Virgen de los Desamparados. Durante la procesión podemos ver como la gente lanza pétalos de rosa a la virgen. En primer plano se puede ver a Montesinos.*

*(Imágenes de una procesión)*

*(En el despacho de Montesinos)*

**Francis Montesinos, diseñador**

- Valencia es una ciudad que tiene una luz especial, aparte de que he nacido allí y luego realmente a mí me parece que dentro de lo que es un panorama español de moda, de aquí, pues, han salido muchos diseñadores, muchos pintores... Yo creo que una gran parte del mundo del arte siempre ha estado muy bien vinculado a lo que es Valencia, ¿no? Tenemos ese Mediterráneo aquí al lado y es algo que nos influye y que se nota.
- La colección que estamos preparando es la colección del próximo otoño-invierno, que se

presenta ahora próximamente en **Cibeles** y se llama "Un invierno tropical". "Un invierno tropical" viene un poco, pues, de la influencia del último trabajo en Cuba que hicimos para el **Ballet Nacional de Cuba, "El lago de los cisnes"** y un poco las vivencias de allí, el espíritu de allí y un poco todo ese mundo... ha sido lo que ha sido el motor un poco o la inspiración de esta colección.

*(Frente al televisor)*

- Bueno, esto es el estreno en la Habana, en el Teatro Nacional, **que mi único pánico** era cómo se iba a llenar el teatro, porque es el teatro más grande que he visto en el mundo, de verdad.
- Bueno, pues, fue algo increíble, llenos los pasillos, no cabía una persona más, los gritos...
- Siempre, en Montesinos es muy importante el estampado de la colección y muy emblemático el de esta próxima, que es un poco... lo que son las **vitolas** de los **puros**, el ron y todas estas cosas de allí. Ésta es la carpeta de prensa.

*(En el Departamento de Producción)*

**Susi Torres, Jefa de Producto**

- Aquí empezamos lo que es toda la fase de producción de la colección. Empezamos a partir de una idea que nos da Francis, que se le ocurre a él, el tema para crear la colección y empezamos a hacer un trabajo de investigación, a buscar referentes sobre este tema, a recopilar todos los datos máximos, para, pues, para tener bastante información para empezar a desarrollarla.
- Tenemos otra fase de elección de tejidos, que... una vez están elegidos... pues... todas las tonalidades, todas las lanas, todos los tejidos

> **Cibeles** es el nombre de la pasarela de moda más importante de España. Se celebra en Madrid dos veces al año.

> El **Ballet Nacional de Cuba** es una de las compañías de baile más prestigiosas del mundo. **El Lago de los Cisnes** es un famoso ballet compuesto por Tchaikovsky.

> El orden de los elementos sintácticos de esta construcción no es normativo, pero es de uso frecuente en la lengua oral.

> El cigarro habano, o **puro**, es un producto típicamente cubano y es mundialmente apreciado por la calidad de su tabaco. Las **vitolas** son unas anillas de papel que se les ponen a los puros; suelen estar impresas con imágenes y mucha gente las colecciona.

que vamos a utilizar, e intentamos combinarlo con los bocetos e **intentamos ver que encajen** los tejidos con los bocetos que hemos hecho.

> Lo normal sería decir "intentamos hacer que encajen" o "intentamos ver si encajan".

- Como veis, aquí tenemos la hoja de producto donde tenemos señalizados, pues, los tejidos y toda la serie de prendas que vamos a realizar.
- Bueno, aquí, las prendas que tenemos aquí, una por una, son las que creamos en distintos sitios. Por ejemplo, esto lo confeccionamos aquí, este mono de seda. Bueno, nos lo confeccionan modistas que tenemos y que trabajan para nosotros.
- Por ejemplo, esta falda es... nos la confeccionan en la fábrica de prêt-à-porter, **que éste es el primer año que trabajamos con ellos**. Es una fábrica que está en **Paiporta**, cerca de Valencia.
- Con este mantón que también es **muy Montesinos**... siempre, a Francis siempre le ha encantado todo lo mediterráneo, todo **lo valenciano**: los mantones, los volantes, el colorido...
- Estos tejidos los hemos elegido nosotros y los diseños también los hemos hecho nosotros.
- Y luego, este vestido es un poco, pues, lo más significativo de Montesinos, que es **el punto a mano** de siempre, de toda la vida. Estos vestidos nos lo realizan señoras que están trabajando para Francis, pues, desde sus inicios, señoras que hasta incluso tienen, pues, 60 ó 70 años, y solamente trabajan para él haciendo el punto a mano.

> El orden de los elementos sintácticos de esta construcción no es normativo pero es de uso frecuente en la lengua oral.
> **Paiporta** es una localidad situada a 5 km al sur de Valencia.
> **Muy Montesinos:** para describir algo es habitual utilizar el nombre de un personaje con un estilo muy propio y definido, en lugar de usar un adjetivo.
> **Lo valenciano:** en los trajes típicos valencianos que se utilizan normalmente para sus fiestas se utilizan adornos con motivos florales, dorados y normalmente muy llamativos.
> **El punto a mano** es un tejido que se hace a mano.

*(En el showroom)*

- En una colección, una vez que están todos los prototipos realizados se hacen las pruebas a las modelos y se presentan en las pasarelas.
- La pasarela más importante a la que puede ir Francis en España es la pasarela Cibeles, que se celebra en Madrid. Es una cita dos veces al año donde se presenta en septiembre la colección primavera-verano y ahora en febrero la colección otoño-invierno que es la que estamos realizando en estos momentos.
- Esos días en los que las pasarelas se llevan a

cabo también está la feria. En la feria presentamos nuestras colecciones en los **stands** a modo de **showrooms** donde todos los clientes de toda España y el extranjero vienen a hacer sus pedidos.

*(En el despacho de Montesinos)*

- He hecho cosas para **Nacho Duato,** para **María Jiménez, Antonio Canales,** también hice **Gitano**, he hecho cosas para, bueno, pues desde **Miguel Bosé,** al principio trabajé mucho con él, hice toda la imagen de él varias veces, con **Paola** siempre, **Lucía,** bueno, con todo el **clan**. He colaborado con **Almodóvar** en las primeras películas de él en **Pepi, Luci, Bom, que ellos casualmente compraron un vestido** en Madrid en una tienda y luego a partir de ahí, pues hasta **Matador.** Siempre he hecho cosas de este estilo, porque es algo que aparte de lo que es la colección pura y dura, pues, es mucho más creativo y mucho más libre de lo que es en realidad el mundo de la industria, ¿no?

> ***Stand*** *y **showroom** son dos anglicismos que se utilizan con frecuencia en el mundo de la empresa y en especial en las ferias.*

> ***Nacho Duato, María Jiménez y Antonio Canales*** *son conocidos profesionales españoles del mundo de la danza. **Gitano** fue un espectáculo de Antonio Canales que llevó por todo el mundo a finales de los años 90.*
> *Cuando habla del **clan** se refiere a toda la familia Bosé: Lucía Bosé, famosa actriz y sus hijos **Miguel Bosé,** actor y cantante, y **Paola Bosé,** que fue durante muchos años musa y modelo de Montesinos.*
> ***Pepi, Luci, Bom y otras chicas del montón*** *fue el primer largometraje de **Pedro Almodóvar,** realizado en 1980. **Matador** es una película suya del año 1986.*
> ***Que ellos casualmente compraron un vestido.*** *El orden de los elementos sintácticos de esta construcción no es normativo, pero es de uso frecuente en la lengua oral.*

# ¿Qué es?

**A.** Vas a ver un reportaje sobre un diseñador de moda, pero antes: ¿sabes qué son estas cinco cosas? Con tu compañero escribe una definición para cada una. Intentad descubrir qué significan a partir de las transcripciones que tenéis al lado. Muchas veces, el contexto te ayuda a entender muchas palabras o conceptos que crees que no entiendes.

"...Estamos en pleno casco histórico, muy cerca de la catedral en un edificio típico valenciano, incluso en un patio valenciano con **cerámica de Manises**."

**1**. La cerámica de Manises
..................................................
..................................................

"...La colección que estamos preparando se llama "Un invierno tropical". ...viene un poco, pues, de la influencia del último trabajo en Cuba que hicimos para el Ballet Nacional de Cuba, **"El lago de los cisnes"**..."

**2**. El Lago de los Cisnes
..................................................
..................................................

"...Siempre, en Montesinos es muy importante el estampado de la colección y muy emblemático el de esta próxima, que es un poco... lo que son las vitolas de los puros, el ron y todas estas cosas de allí. Ésta es **la carpeta de prensa**."

**3**. La carpeta de prensa
..................................................
..................................................

"Como veis aquí tenemos **la hoja de producto** donde tenemos señalizados pues... los tejidos y toda la serie de prendas que vamos a realizar."

**4**. La hoja de producto
..................................................
..................................................

"Una colección, una vez que están todos los prototipos realizados se hacen las pruebas a las modelos y se presentan en las pasarelas. La pasarela más importante a la que puede ir Francis en España es **la pasarela Cibeles**..."

**5**. La pasarela Cibeles
..................................................
..................................................

**B.** Ahora podéis ver el reportaje para comprobar vuestras respuestas.

# Un nuevo modelo para Montesinos

**A**. Vas a ver un reportaje realizado en el taller de un famoso diseñador de moda, Francis Montesinos. Toma nota sobre cómo son sus diseños, su estilo, sus colores, sus tejidos.

.........................................................................
.........................................................................
.........................................................................
.........................................................................
.........................................................................
.........................................................................
.........................................................................

**B**. En parejas. Imaginad que sois diseñadores de moda y que Montesinos os pide que diseñéis un modelo. Vosotros elegís la prenda, el color, el material, etc. Completad la ficha y haced un dibujo. Después lo vais a presentar a la clase. ¿Cuál es el diseño que le va a gustar más a Montesinos?

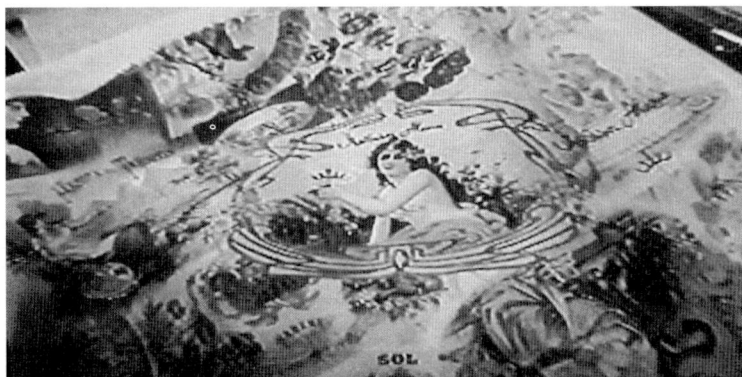

Nombre del producto: _____

Descripción: _____

Material: _____

Destinatario: _____

Precio aproximado: _____

Temporada: _____

Socios y colegas 1 © Difusión, S.L.

# Francis Montesinos

**A.** ¿Te gusta el mundo de la moda? Responde a las preguntas que te va a hacer tu compañero. Despué,s coméntalo con la clase.

| | |
|---|---|
| **1.** ¿Te gusta el mundo de la moda? | |
| **2.** ¿Cuál es tu prenda de vestir favorita? | |
| **3.** ¿Has ido a un desfile de moda alguna vez? | |
| **4.** ¿Cambias de ropa cada temporada? | |
| **5.** ¿Qué colores usas con más frecuencia? | |
| **6.** ¿Qué temporada te gusta más: primavera-verano u otoño-invierno? ¿Por qué? | |
| **7.** ¿Cómo crees que es un diseñador español? | |
| **8.** ¿Conoces al diseñador Francis Montesinos? | |

**B.** Ahora vas a ver un reportaje sobre el diseñador español Francis Montesinos. Corrige las frases que no son correctas.

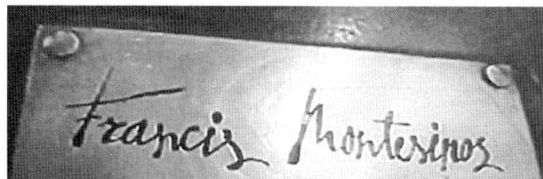

1. El estudio de Francis Montesinos está cerca de Valencia.

2. Para diseñar su próxima colección, Montesinos se ha inspirado en el último trabajo que ha realizado en Cuba.

3. Ya ha presentado su nueva colección "Un invierno tropical".

4. En la fase de producción, primero preparan los tejidos y las tonalidades, luego eligen los bocetos y finalmente pasan a la fase de confección.

5. Este año han empezado a trabajar con una fábrica que está cerca de Valencia.

6. Montesinos nunca presenta sus colecciones en la pasarela Cibeles de Madrid.

7. En la feria, los clientes no pueden hacer pedidos.

8. Montesinos colaboró con Almodóvar en sus primeras películas.

# Montesinos y tu país

**A**. Después de ver el reportaje, ¿crees que los diseños de Montesinos son típicamente "españoles"? ¿Por qué? Coméntalo con tu compañero.

✧ A mí sí me parecen típicamente españoles.
★ ¿Y por qué?
✧ Pues...

**B**. Imagina que Montesinos, para su próxima colección, quiere inspirarse en tu país. Tú vas a ser su asesor personal. ¿En qué elementos culturales crees que puede inspirarse? ¿Por qué? Escríbelo.

# Trabajar en España

En este capítulo vamos a conocer a cuatro extranjeros, un italiano, una mexicana, una alemana y un francés, que viven y trabajan en España, concretamente en Barcelona. Cada uno de ellos procede de un ámbito profesional diferente. En el reportaje nos explican en qué consiste su trabajo, qué cualidades deben tener para desarrollarlo, cuál ha sido su formación y su trayectoria profesional, y finalmente hacen una valoración contrastiva de las diferencias de la vida laboral en sus países de origen y en España.

■ **Duración:** 12'30''

■ **Temas culturales:**
- El mundo laboral en España
- La vida profesional de cuatro personas de diferentes nacionalidades
- Una agencia de viajes
- Una multinacional
- Una editorial
- Un teatro de ópera

■ **Comunicación:**
- informar sobre el mundo del trabajo
- expresar hábitos y costumbres de diferentes lugares
- explicar las tareas profesionales
- expresar cualidades profesionales
- describir la formación profesional
- evaluar diferencias entre países

**Andrea Cerutti, italiano**
Violinista

**Briana Barragán, mexicana**
Ingeniera industrial

**Sigrid Kraus, alemana**
Editora

**Dominique Thomas, francés**
Agente de viajes

## TRABAJAR EN ESPAÑA

## TRABAJO

**Dominique Thomas**
**Agente de viajes**

*(En la agencia de viajes)*

- Mi trabajo consiste, pues, en organizar viajes, vender viajes, que es justamente, pues, reservar hoteles, plazas de aviones, coches, guías locales, corresponsales que nos buscan todo esto.
Pues, es lo que diariamente hacemos como agentes de viajes. Somos minoristas, ¿eh? Entonces el minorista vende los viajes que preparan los touroperadores, pero nosotros tenemos nuestro programa que montamos nosotros.

> Estas cuatro personas son representantes de la comunidad de extranjeros que residen y trabajan en España. Tres de ellos son trabajadores comunitarios, es decir, de países que pertenecen a la UE, y, por tanto, no tienen que afrontar el problema de los "papeles" (permisos de residencia y de trabajo). La cuarta persona es de México. Cabe recordar que España tiene convenios bilaterales con ciertos países de Latinoamérica. Además, los cuatro son personas con una formación académica superior. No son, por tanto, inmigrantes que huyen de una situación de crisis económica en sus países. Cabe apuntar que el fenómeno migratorio es algo relativamente reciente en España y que son varios los factores que lo han provocado: por un lado, la mayoría de países europeos hace muchos años que recibe inmigrantes y el mercado ha llegado a saturarse. Asimismo, en España se vive un momento de ligero crecimiento económico, lo cual, unido al hecho de que el índice de natalidad es uno de los más bajos de Europa, hace que sea necesaria la entrada de trabajadores, no sólo para desempeñar trabajos que los españoles no quieren hacer (a pesar del alto índice de paro del país), sino también para revertir el crecimiento demográfico negativo del país.

Buscamos **el corresponsal** que se encuentra en el país, le enviamos la propuesta nuestra y, una vez que estamos de acuerdo, pues, **bloqueamos** habitaciones, bloqueamos plazas. Las excursiones también se montan, las montamos nosotros o en colaboración con los corresponsales del país y también **lo muy importante** es bloquear las plazas de avión.

> Este complemento directo de persona debería llevar la preposición "a": buscamos **al corresponsal**.
> **Bloquear** es un verbo muy utilizado en el mundo del turismo como sinónimo de "reservar".

> Uso no normativo de **lo**, que no admite gradación, sino solamente su uso como superlativo:"lo más/menos importante". Un nativo hubiera dicho: "algo muy importante", por ejemplo.

**Briana Barragán**
**Ingeniera industrial**
*(En las instalaciones de **HP** de Barcelona)*

- Bueno, estoy en el área de **planeación**. Mi puesto es **planeador** que es como decimos en México, aquí se llama **planificación**. Lo que hago es planear la fabricación de las impresoras. Nosotros las distribuimos en toda Europa. Primero se envían a Alemania. Tenemos que planear cuántas se tienen que hacer y de ahí cuántas se tienen que distribuir a los diferentes centros y de Alemania ya se distribuyen a todo lo que es Europa. Y en eso consiste un poco mi trabajo.

> **HP** es la abreviatura de **Hewlett-Packard**, una multinacional de informática y sistemas de imagen digital con sedes en todo el mundo.
> Existen ciertas diferencias dialectales entre el español peninsular y el de México (Briana es mexicana). Aquí Briana pone de relieve una de ellas: **planeación** en México, **planificación** en España. Además utiliza el masculino genérico para referirse a su cargo, **planeador**, cuando ya está aceptado y está cada vez más extendido el uso de la forma "planeadora".

**Andrea Cerutti**
**Violinista**
*(En el Teatro del Liceo de Barcelona)*

> En España, **Andrea** es un nombre de mujer.

> Este teatro es un símbolo emblemático para la burguesía de Barcelona que, desde el siglo pasado, tiene por costumbre darse cita en este bello edificio ubicado en el conocido paseo de Las Ramblas, lo cual confiere al lugar un sabor único, fruto de la mezcla de la bohemia propia de Las Ramblas y la burguesía catalana. Durante su historia, el Liceo ha sufrido dos importantes contratiempos. A principios de siglo, explotó una bomba colocada por un anarquista, y en 1994 fue destruido a causa de un incendio. Reabrió sus puertas en 1999.

- En este teatro trabajo como violinista. Éste es mi violín, violín italiano de los años 20.

- Sí, bien, la preparación de las óperas, normalmente se hace en nuestro trabajo, en nuestro... en nuestro teatro, de 7 a 14 días. Cuando está lista la parte musical, vamos ahí, **en el foso**, a

> Dice **en el foso**, cuando debería decir "al foso".

juntarnos con los cantantes y a preparar también la puesta en escena, que todo se junte, digamos.

- Y cuando está... cuando está lista, se toca en las funciones, que pueden llegar a ser 7, 8 ó 10 ó 12 funciones de la misma ópera.

**Sigrid Kraus**
**Editora**
*(En la editorial Salamandra)*

- Mi trabajo consiste en escoger los libros que publica esta editorial. Tengo que estar muy bien informada de lo que pasa en los mercados extranjeros. Tengo que leerme revistas de todos los países... Tengo que viajar mucho, **conocer los representantes** de los autores en los diferentes países también.

> *Dentro del mundo de habla hispana, Barcelona juega un papel destacado en el mercado editorial.*

> *Este complemento directo de persona debería llevar la preposición "a":* **conocer a los representantes**.

- Bueno, voy una vez al año a Nueva York, una vez al año a Londres, a París voy a menudo. Entonces, luego, me dedico a promocionar los libros que he escogido, y que vamos a publicar, con los medios de comunicación.

**CUALIDADES**

*(Sigrid Kraus)*
- Para este trabajo lo fundamental es que te encante leer, porque te pasas el día leyendo, todas las noches leyendo, los fines de semana leyendo. Además, creo que es muy importante la curiosidad. Tienes que tener una gran curiosidad por los demás, por lo que escriben, por lo que se hace en otros países porque es el motor que te lleva a investigar y a buscar, porque si no, ¿no?

- Y creo que son las dos cosas... Luego, saber idiomas...

*(Dominique Thomas)*
- **Tener don de gentes**, amabilidad, paciencia y ser un buen vendedor.

> **Tener don de gentes** *significa saber tratar a la gente. Esta expresión se utiliza en el ámbito laboral.*

*(Briana Barragán)*
- Para hacer mi trabajo sí tienes que ser bastante paciente, porque esto cambia mucho. Cambia... en una semana te puede cambiar, algunas veces, tres veces dentro de la semana, alguna veces ninguna, entonces..., porque tienes que interactuar con muchos otros departamentos. Estás con Ingeniería, con Finanzas, con Distribución, con tus propios compañeros, con Alemania, con Singapur... En fin, con mucha gente que interviene y, entonces, digamos, es ser paciente, ser organizado.

*(Andrea Cerutti)*
- Pienso que la cosa más importante es tener espíritu de equipo y muchísima paciencia, porque los ensayos pueden ser agotadores aunque no lo parezca. Y, por supuesto, tener bastante facilidad y talento personal porque si no, es realmente difícil y duro.

## CURRÍCULUM

*(Dominique Thomas)*
- Mi base profesional en Francia fue peluquero. Tengo toda la diplomatura de peluquería. Después, trabajé en una plataforma de... petrolífera en el mar de Arabia, en Dubai, exactamente, y después, pues, vine aquí, y no me he movido más, y... pues, tenía ganas de hacer esto, ¿no? Entonces, hace cinco años volví a estudiar para poder entrar en la universidad y cursar los tres años de **carrera de turismo** que acabo de terminar en septiembre.

> En España los estudios universitarios son referidos comúnmente como **carrera**, que a su vez puede equivaler a una diplomatura, si es de tres años, o a una licenciatura, si es de cuatro o cinco años.

*(Briana Barragán)*
- Terminé la universidad en el 92. De ahí comencé a trabajar en una compañía que se llama RAMEX que hace radiadores. Después, de ahí me pasé a IBM. En IBM estuve dos años apróximadamente y estuve en el Departamento de compras. Estuve como **comprador**. Me llamaron de Hewlett-Packard y empecé en Hewlett-Packard como comprador también. De ahí pasé a otro proyecto ya en el área de pla-

> De nuevo observamos como Briana prefiere hacer uso de la forma masculina para referirse a su cargo en vez de la femenina: **comprador/compradora.**

neación y estuve en el proyecto de escaners. Después de escaners me pasé al proyecto de impresoras en Guadalajara también, y de ahí otra vez me vine aquí a Barcelona, al mismo proyecto de impresoras.

*(Andrea Cerutti)*
- Empecé a estudiar el violín en Milán. Acabé mi carrera ahí en Italia, Milán y Fiésole, cerca de Florencia, y luego me fui a hacer 3 años de perfeccionamiento en Viena en la **"Musik-hochschule"** de allí, y posteriormente empecé a buscar sitio donde poder trabajar y ganar dinero con esta profesión y escogí Barcelona finalmente, y me ha ido bien.

> **Musikhochschule** es el nombre alemán de la Escuela Superior de Música de Viena.

*(Sigrid Kraus)*
- A pesar de que nací en Alemania, crecí en Brasil. Así que terminé la carrera escolar en Brasil, hice el colegio allí. En Alemania trabajé en una editorial durante casi tres años. En esa etapa también viajé mucho por Europa, porque la idea era un poco conocer Europa, estar un tiempo en Alemania, y luego volver a Brasil. Trabajé en España tres meses en una editorial también. Me gustó mucho y a partir de ahí ya decidí quedarme en Alemania un tiempo más y empezar a estudiar y fui a la universidad. Ingresé en la Universidad de Hamburgo y cursé estudios no sólo de Literatura, sino también de Empresariales, porque me di cuenta, como venía del mundo del trabajo, que un editor que no sabe de empresa luego no puede nunca defender los proyectos que quiere llevar a cabo. Entonces, también estudié Empresariales.

## IMPRESIONES

*(Briana Barragán)*
- Digamos, aquí son un poco más **argüenderos,** que llamamos allá, un poco más **rolleros,** ¿sabes? y hablan mucho... y en México somos, bueno, para empezar hablamos más lento, bueno, no sé si notaron, hablamos un poco más lento y aquí hablan muy rápido. A lo mejor de ideas, hay más aquí, o cosas novedo-

> **Argüendero** es un adjetivo común en México que significa "chismoso" o "hablador".

> **Rollero** es un coloquialismo muy extendido en España. Sirve para referirse a alguien que se extiende más de lo necesario o que se sale del tema. Del léxico aceptado, el término más cercano sería "charlatán".

sas, sí las encuentro más aquí... Aquí hay un poco más de variedad, hay más gente de otras partes como italianos, franceses, alemanes trabajando aquí dentro, mexicanos.

*(Dominique Thomas)*
- El español viene y dice "Mañana quiero ir a Santo Domingo". No hay planificación. Mientras que el alemán, el francés: "Oye, ¿dónde vamos el año que viene?". Bueno, si estamos de vacaciones todavía, ¿no? Pero hay que... hay que pensar, hay que bloquear plazas...

*(Sigrid Kraus)*
- Yo diría que España con Alemania es lo más... es lo que uno siempre se imagina. Alemania es muy, muy organizado, muy organizado, pero también más aburrido. Yo creo que en España el ambiente es muchísimo mejor en las empresas, pero con gran diferencia. Me impresionó desde el primer momento... Es todo un poco más relajado, un poco más caótico, pero también se trabaja mucho. En Brasil, se trabaja muchísimo, pero como **el alrededor** es tan caótico, se pierde muchísima energía. Entonces, es un poco frustrante, porque consigues pocas cosas para las horas que trabaja la gente. Pero el ambiente es buenísimo en Brasil. Sí, **la pasas muy bien** trabajando y la gente es muy..., hay mucho sentido de equipo, entre jefes y empleados hay una muy buena relación.

*(Andrea Cerutti)*
- Sí, trabajar en España como violinista, creo que no es muy diferente que trabajar como violinista en un teatro de la ópera en Italia. Porque la acción de tocar es... siempre es igual. Lo que sí que noto es que el público aquí es muy caluroso, muy latino.

*(En la Sala de los Espejos del Liceo)*

> *Aquí **el alrededor** está utilizado como sinónimo de "el entorno" o "el ambiente".*

> ***La pasas muy bien** es una expresión muy utilizada en Argentina; en España se diría "te lo pasas muy bien".*

# Trabajo

**A.** Después de ver el reportaje, ya sabes en qué consiste el trabajo de cada una de estas cuatro personas. Di ahora dónde podrías escuchar las frases siguientes:

| Peticiones o instrucciones | En el Liceo | En HP | En Salamandra | En Baraka |
|---|---|---|---|---|
| 1. Repita la última parte con más fuerza. | | | | |
| 2. Envía un fax con la reserva. | | | | |
| 3. Llama al representante de este autor. | | | | |
| 4. Empiece de nuevo, pero más lento. | | | | |
| 5. Ven a verme con el catálogo de excursiones para la próxima temporada. | | | | |
| 6. Ve a Exportación y diles que el nuevo plan ha sido aprobado. | | | | |
| 7. Vaya a ver las habitaciones. | | | | |
| 8. Pon todos los libros publicados en el último mes en este rincón. | | | | |
| 9. Haga el envío a Alemania. | | | | |
| 10. Espere dos segundos más antes de empezar a tocar. | | | | |

**B.** Ahora piensa tú en peticiones o instrucciones que podrían dar estas cuatro personas a sus compañeros de trabajo o a las personas que trabajan para ellos. Después, léeselas a tu compañero, que te dirá de quién se trata:

◇ "Pásame el catálogo del Caribe".
★ ¿Es Dominique Thomas?
◇ Sí.

Socios y colegas 1 © Difusión, S.L.

# Información falsa

Vas a ver a cuatro personas que describen en qué consisten sus respectivos trabajos. Primero, lee estos párrafos. Luego, tras ver el reportaje, debes encontrar una información falsa en cada párrafo.

Dominique Thomas dice que su trabajo consiste en reservar hoteles, plazas de aviones, coches, guías locales... Además, tiene que encontrar corresponsales en los diferentes países para organizar excursiones. También lleva la Contabilidad.

Briana Barragán dice que su trabajo es planificar la fabricación de impresoras. Tiene que calcular cuántas impresoras se tienen que fabricar y cuántas se tienen que distribuir a los diferentes centros. Las impresoras se distribuyen desde España a toda Europa.

Andrea Cerutti dice que su trabajo consiste en tocar el violín en las óperas que se representan en el Teatro del Liceo. Nos comenta que la parte musical se prepara entre 7 y 14 días. A veces tiene que sustituir al director de orquesta. Cuando la ópera está lista, suele haber entre 7 y 12 representaciones.

Sigrid Kraus dice que en su trabajo tiene que hablar con los lectores para ver qué libro les ha gustado más. Además, debe seleccionar los nuevos libros que se van a publicar. Debe viajar a ferias internacionales y estar informada de lo que ocurre en los mercados extranjeros.

# Trayectoria profesional

**A.** ¿Quién lo dice?

| | Andrea | Briana | Dominique | Sigrid |
|---|---|---|---|---|
| 1 Hace cinco años volví a estudiar. | | | | |
| 2 En IBM estuve dos años. | | | | |
| 3 Me fui a Viena a hacer 3 años de perfeccionamiento. | | | | |
| 4 Viajé mucho por Europa. | | | | |
| 5 Trabajé en una plataforma petrolífera. | | | | |
| 6 Comencé a trabajar en Ramix. | | | | |
| 7 Terminé la universidad en el 92. | | | | |
| 8 Cursé estudios de Literatura y Empresariales. | | | | |
| 9 Decidí quedarme en Alemania. | | | | |
| 10 Acabé mi carrera en Italia. | | | | |
| 11 De ahí pasé a otro proyecto en planeación. | | | | |
| 12 Después vine aquí y no me he movido más. | | | | |

**B.** Vuelve a leer ahora la información que nos da Sigrid. Esta vez tenemos las fechas. Escribe un texto enlazando las frases con las expresiones de la caja.

> el mismo año    al año siguiente    X años después    al cabo de X años    X años más tarde

**Sigrid**

**1968**: Terminé la carrera escolar en Brasil.
**1969**: Fui a Alemania.
**1969-1972**: Trabajé en una editorial en Alemania.
**1972**: Trabajé en una editorial española 3 meses.
**1973**: Decidí quedarme en Alemania y empezar a estudiar en la universidad.
**1973-1978**: Estudié en la Universidad de Hamburgo.
**1980**: Decidí volver a España y desde entonces vivo y trabajo aquí.

*En 1968 terminé la carrera escolar en Brasil y un año más tarde...*

Socios y colegas 1 © Difusión, S.L.

# Cualidades e impresiones

**A.** Antes de ver el reportaje, coloca estas cualidades en la columna que les corresponda. Si lo consideras conveniente, puedes poner una cualidad en más de una columna.

Tener afición por la lectura

Tener paciencia

Tener don de gentes

Tener talento

Ser buen/a vendedor/a

Ser amable

Tener espíritu de equipo

Tener curiosidad

Ser organizado/a

Saber idiomas

| Ingeniero/a industrial | Agente de viajes | Violinista en una orquesta | Editor/a |
|---|---|---|---|
| | | | |

**B.** Fíjate en el apartado "Cualidades" del reportaje para saber si has acertado. ¿Añadirías alguna cualidad más?

**C.** Ahora vas a escuchar las impresiones que tienen estas personas sobre su experiencia de trabajo en España. ¿Qué frase resume mejor la opinión de cada uno de nuestros cuatro personajes?

| | |
|---|---|
| **1.** La gente en España habla mucho y muy rápido. | |
| **2.** En España el ambiente de trabajo es más divertido y menos organizado. | |
| **3.** En España se es más apasionado. | |
| **4.** La gente en España no hace planes a largo plazo. Se improvisa más. | |

**D.** En parejas. Compara estas afirmaciones con tu país, di si estás de acuerdo o no, explica por qué y añade tu propio punto de vista.

✧ La gente en España habla mucho y muy rápido.
★ Yo no estoy de acuerdo. En Italia la gente habla muy rápido también. Además, depende de la zona, del tipo de persona...

# La ciudad y la gente

## La ciudad
TRANSPORTES: *un autobús, un taxi*
COSAS DE LA CALLE: *una papelera, un buzón*
ESTABLECIMIENTOS: *una perfumería, una farmacia, una peluquería*
LUGARES PÚBLICOS: *un hospital, un parque*
LUGARES DE OCIO: *un teatro, una discoteca, un cine*

## ¿Cuántos años tiene?
A.
1. *22*   4. *54*   7. *31*   10. *44*
2. *25*   5. *35*   8. *24*   11. *28*
3. *27*   6. *21*   9. *37*   12. *29*

B.
1. en *una escuela de Turismo* / 2. en *un periódico de Madrid* / 3. en *la televisión* / 4. en *Castellón* / 5. en *Madrid* / 6. en *una escuela técnica* / 7. en *la Facultad de Psicología* / 8. en *una clínica dental* / 9. de *una empresa de Internet* / 10. de *una editorial* / 11. en *unos grandes almacenes* / 12. en *la Facultad de Derecho*

## La gente
A.
2. *Carlos tiene 25 años.*
8. *Itziar es dentista.*
12. *Marisa es profesora de Derecho.*
B.
1. ¿Cómo te llamas?       3. ¿A qué te dedicas?
2. ¿De dónde eres?        4. ¿Cuántos años tienes?

# Codorníu. Una empresa de cava

## Las cavas
1. c / 2. a / 3. a / 4. a / 5. c / 6. b / 7. b / 8. c

## Codorníu
- En España la gente bebe cava normalmente como aperitivo o después de las comidas.
- El proceso de elaboración del cava es el mismo que el del champagne.
- Codorníu es una empresa que tiene más de 125 años.
- Las botellas son de color verde para proteger el cava de la luz.

# Tres hoteles

## ¿Dónde están?
1. NH Las Artes, Valencia, la ciudad de las Artes y las Ciencias
2. Palace, Madrid, la plaza de Neptuno
3. Arts, Barcelona, Puerto Olímpico

## Información
Luz Garotto: *1, 4, 9, 10, 13*

Alicia Romay: *3, 8, 11, 12*
Jordi Sala: *2, 5, 6, 7, 14*

# Botafumeiro

## La plantilla
A. *Luis Cortinas, somelier*    D. *Aurelio Vázquez, director*
B. *Pablo Herranz, camarero*    E. *Luis Gericó, cocinero*
C. *Enrique Quiroga, maître*

## Preguntas
Enrique Quiroga: *3, 11*     Luis Cortinas: *2, 6,*
Pablo Herranz: *7, 9,*       Aurelio Vázquez: *1, 4, 8*
Luis Gericó: *5, 10, 12*

# Francis Montesinos

## ¿Qué es?
1. *La cerámica de Manises es un tipo de cerámica que sirve para decorar patios, paredes, etc. Tiene un diseño muy colorido, con un estilo entre barroco y árabe.*
2. *El Lago de los Cisnes es un ballet de Tchaikovsky.*
3. *La carpeta de prensa es una especie de libro donde se presentan las novedades.*
4. *La hoja de producto sirve para controlar las prendas de ropa que se están fabricando.*
5. *La pasarela Cibeles es una feria donde hay desfiles y stands de firmas de moda.*

## Francis Montesinos
3. *Todavía no ha presentado su nueva colección "Un invierno tropical"*
4. *En la fase de producción, primero preparan los bocetos, luego eligen los tejidos y finalmente pasan a la confección.*
6. *Montesinos siempre presenta sus colecciones en la pasarela Cibeles.*
7. *En la feria, los clientes pueden hacer pedidos.*

# Trabajar en España

## Trabajo
En el Liceo: *1, 4, 10*      En Salamandra: *3, 8*
En HP: *6, 9*                En Baraka: *2, 5, 7*

## Información falsa
Dominique Thomas: *También lleva la Contabilidad.*
Briana Barragán: *Las impresoras se distribuyen desde España a toda Europa.*
Andrea Cerutti: *A veces tiene que sustituir al director de orquesta.*
Sigrid Kraus: *Tiene que hablar con los lectores para ver qué libro les ha gustado más.*

## Trayectoria profesional
Andrea: *3, 10*    Dominique: *1, 5, 12*
Briana: *2, 6, 7, 11*   Sigrid: *4, 8, 9*